Emma Lucy Knowles

Die Heilkraft der Kristalle

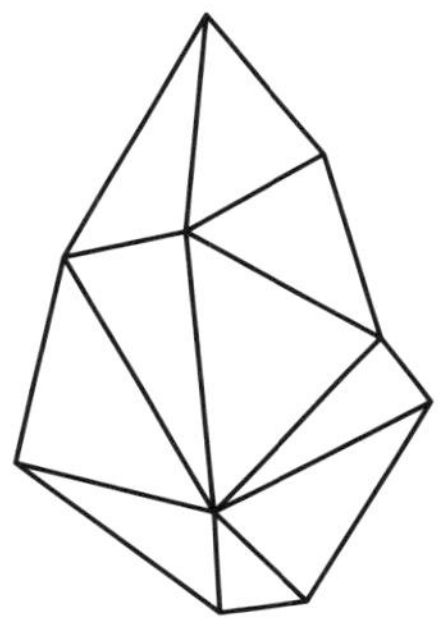

GOLDMANN
Lesen erleben

EMMA LUCY KNOWLES

DIE HEILKRAFT DER KRISTALLE

Die richtigen Steine für Balance, innere Stärke und Selbstliebe

Aus dem Englischen von Elisabeth Liebl

GOLDMANN

Die englische Originalausgabe erschien 2018 unter dem Titel »The Power of Crystal Healing« bei Pop Press, einem Imprint von Penguin Random House, in London, Großbritannien.

Dieses Buch ist auch als E-Book erhältlich.

FSC
www.fsc.org
MIX
Papier aus verantwortungsvollen Quellen
FSC® C021956

Verlagsgruppe Random House FSC® N001967

1. Auflage

Deutsche Erstausgabe November 2019

Design by Ben Gardiner
Umschlaggestaltung: UNO Werbeagentur GmbH, München
Umschlagmotiv: © Stephanie Mcleod
Foto Autor Klappe hinten: © Alan Strutt
Lektorat: Annette Gillich-Beltz, Essen
JG · Herstellung: cb
Satz: Satzwerk Huber, Germering
Druck und Bindung: Alcione, Lavis
Printed in Italy
ISBN 978-3-442-22290-2
www.goldmann-verlag.de

Besuchen Sie den Goldmann Verlag im Netz:

INHALT

Das Leben hat Power – genau wie du

Wenn du deine Energie für dich arbeiten lässt, wenn du sie umpolst, erneuerst, heilst und transformierst, kannst du dein ganzes Leben ändern. Das ist ein großartiges Geschenk. Dieses Gefühl innerer Stärke kann jeder erreichen, doch mit ein bisschen Hilfe von ein paar gezielt ausgesuchten Heilsteinen fällt der Weg dorthin um einiges leichter.

Keiner von uns muss allein durchs Leben gehen, durch Abenteuer, Liebeskummer, die Anforderungen im Job, durch Angst und Freude. Doch wie schnell wir gehen wollen, das können wir selbst bestimmen. Und ob wir es auf lauten oder leisen Sohlen tun. Und – was das Wichtigste ist – wir können dabei unsere eigene Magie ins Spiel bringen und zulassen, dass wir wachsen, größer und stärker werden kraft der verborgenen Schätze, die in den Kleinoden der Natur liegen, besser bekannt als Kristalle.

Sie sind die ultimativen Kraftquellen. Sie warten nur darauf, dich auf eine höhere Schwingungsebene zu bringen und ihre Heilkräfte mit dir zu teilen. Sie möchten deine Weggefährten, Mitentdecker und Lehrer sein. Sie möchten dir helfen, deine Intuition zu entwickeln und deine Verbindung zu dir und deiner innersten Kraft zu vertiefen.

Kristalle sind für die Ewigkeit

Kristalle sind natürlich vorkommende Minerale mit einer einzigartigen Kristallstruktur, die sich über Jahrmillionen unter starkem Druck herausgebildet hat.

Ob als Halskette, Ring, als Kelch oder Tempelschmuck, die Anmut der Kristalle begleitet uns über Jahrhunderte hinweg. Schon bei den alten Ägyptern, die den Hämatit wegen seines Glanzes zu Spiegeln schliffen, erfreuten Kristalle sich höchster Wertschätzung. Krieger im antiken Griechenland rieben sich mit dem Hämatit ein, weil er sie auf dem Schlachtfeld vor Blutverlust schützen sollte. Die Römer wussten, wie sie mit diesen kostbaren Steinen ihre Gesundheit stärken konnten. In Kronen, Diademen und Kelchen gefasst dienten die Kristalle Königen als Insignien ihrer Macht. In der Traditionellen Chinesischen Medizin werden auch heute noch Akupunkturnadeln mit Spitzen aus Rosenquarz verwendet, um den Heilungsprozess zusätzlich anzuregen.

Intuitiv ist uns klar, dass an diesen wundersamen, farbenprächtigen Schmucksteinen der Natur etwas Besonderes sein muss. Kristalle sind für die Ewigkeit. Mit Kristallen heilen – dieses Thema hat dich vermutlich dazu veranlasst, zu diesem Buch zu greifen, nicht wahr? Aber das leise Kribbeln, das sich jetzt einstellt, ist dir vielleicht noch neu.

Vielleicht hat dir jemand einen Kristall geschenkt, oder du hast einen Rohstein auf deinem Schreibtisch liegen, weil dir jemand gesagt hat, dass er die »Negativität« fernhält, die sich in unserer Zeit immer weiter ausbreitet. Trägst du am Ende gar in einem Ring den wertvollsten aller Kristalle bei dir, der den inneren Wert deiner Liebe widerspiegelt? Vielleicht hast du auch über die Schönheit der Kristalle in einer Zeitschrift gelesen, oder sie tanzen zu Hunderten über deinen Instafeed herein. Oder du magst einfach ihre Form, ihre Farbe und das Gefühl, das sie dir schenken, wenn du sie in der Hand hast, ohne dass du so genau weißt, warum. Egal, wie du deine Steine verwendest, egal, wie sie dich ansprechen – es ist immer gut.

WIE DU IN SCHWINGUNG KOMMST

Wir leben in einer Welt der Schwingungen und Energien, in einer Welt, die sich ständig verändert. Ein feuriger Energieball in ihrem Kern und ein zweiter solcher Energieball am Himmel halten die Erde in Bewegung. Diese Energie ist nicht zu übersehen – selbst wenn wir sie nicht mit Händen greifen können, so können wir sie doch spüren. Und wir sind alle aus demselben Stoff gemacht. Wir – der Geist in uns, unsere Lebensenergie – sind ganz und gar Energie: Wir sind Energiekanäle, Energiemagneten, Energieschwämme, Energieverstärker, Energiesucher … Energie, Energie und noch mal Energie. Die Welt besteht aus Energie – jeder Mensch, jedes Ding schwingt auf seiner eigenen energetischen Frequenz. Wenn wir gut drauf und voller Elan sind, senden wir hohe

Frequenzen aus. Sind wir fix und fertig und mies gelaunt, ist auch das Niveau unserer Schwingungen niedrig. Energie ist stets im Fluss und wandelbar. Und eben das können wir mit der Kraft der Kristalle tun: Wir können uns auf die von uns gewünschte Frequenz einschwingen.

EIN HÖHERES SCHWINGUNGSNIVEAU

Schön und gut, aber wie soll das funktionieren? Wie beeinflussen Kristalle unser Energielevel? Nun, jeder kennt doch Leute, die einem Power geben, und solche, die einen runterziehen, oder? Jede Frau hat ihren Lieblingslippenstift, weil dieser Ton ihr einfach diesen besonderen Pep gibt. Und jeder hat diesen einen Lieblingspyjama, der einem das Gefühl von Behaglichkeit und Entspannung vermittelt. So ähnlich musst du dir die Wirkung von Kristallen vorstellen. Wenn du dein eigenes Kristallset zusammengestellt hast, deinen Werkzeugkoffer, der genau auf deine Bedürfnisse abgestimmt ist, besitzt jedes Werkzeug in diesem Koffer besondere Kräfte, die mit deiner Energie harmonieren. Jeder Stein hat ganz spezielle Eigenschaften, die er ins Spiel bringt, die er anzieht und verstärkt. Kristalle helfen dir, gut durch bestimmte Ereignisse und durch schwierige Momente in deinem Leben zu kommen. Sie holen dich aus emotionalen Tiefs und lassen dein Stimmungsbarometer wieder ansteigen. Vielleicht bereitet dir das Leben gerade ein paar Sorgen, und du brauchst dringend mehr Durchblick. Oder dein Herz wurde gebrochen, und du spielst mit dem Gedanken, dich wieder in das »Abenteuer Dating« zu stürzen, und

brauchst dafür Rückendeckung. Möglicherweise stehst du vor der Präsentation deines Lebens und brauchst eine massive Transfusion von Selbstvertrauen … Ob du nun vor Freude überschäumst oder niedergeschlagen bist, ob du mehr Kraft brauchst oder mehr Flexibilität – es gibt immer einen Kristall, der dir helfen kann.

Kristalle sind wahrhaft Kraftsteine. Sie können unsere Energie – die Schwingungen in uns und um uns herum – heilen oder neu ausrichten, wenn sie aus dem Takt geraten ist. Sie können aber auch gute Schwingungen verstärken. So unterstützen sie uns dabei, uns lebendiger zu fühlen und unsere Wünsche und Ziele zu erreichen. Kristalle sind dazu da, unser Licht zum Leuchten zu bringen und einen Lichtstrahl auf jene Seiten unseres Selbst zu werfen, die wir in den Fokus rücken möchten. Aber sie haben auch die Aufgabe, uns zu lehren und zu führen und mit uns an der nie endenden Lebensaufgabe zu arbeiten, alles loszulassen, was uns nicht länger von Nutzen ist.

WIE DU KRISTALLE MIT DIR UND DEINEM LEBEN VERBINDEST

Dieses Buch hilft dir dabei, dich mit deiner inneren Kraft zu verbinden, indem du dich mit den Techniken, die du dir aussuchst, auf die Energie deiner Kristalle stützt. Du kannst dich auf sie einschwingen, indem du sie beim Meditieren locker in der Hand hältst. Du kannst sie im Liegen auf deinen Chakras, deinen Energiezentren, platzieren. Oder du trägst sie im Alltag bei dir: direkt auf der Haut, wo sie eine unglaublich starke Wirkung entfalten, oder in die Tasche gesteckt, wo sie mit ihrer kraftvollen Schwingungsenergie auch den Stoff deiner Jeans oder deiner Jackentasche durchdringen (falls du noch nicht bereit bist, in die nächste Besprechung zu marschieren und vor den Augen deines Chefs deinen Kassenbericht zusammen mit deinem Kristall auszubreiten). Ich zum Beispiel habe Kristalle an jedem Finger, in jeder Tasche und sogar in meinem BH! Auf meinem Schreibtisch, in meiner Wohnung, ja selbst auf der Spüle in meiner Küche funkeln Kristalle. Bring die Kristalle an deinem Körper unter, auf deinen Energiezentren, an jedem Ort in deinen vier Wänden, der Heilung braucht.

Wo auch immer sich die Kristalle befinden – wir können einfach unseren Blick auf ihnen ruhen lassen, ihrer Wärme nachspüren, gerade so, als würden wir ein Foto an der Wand anschauen, das uns ein leises Lächeln aufs Gesicht zaubert, weil es eine schöne Erinnerung an eine bestimmte Zeit, einen Ort oder ein Erlebnis in uns wachruft. Wir können die Kristalle auch in die Badewanne mitnehmen, wo das Wasser ihre Schwingungsenergie verstärkt. Sie begleiten uns im Auto oder im Flugzeug, wenn wir fern der Heimat unterwegs sind. Wir können sie gut sichtbar für alle Welt platzieren oder vor fremden Blicken schützen und zum Beispiel unter ein Kissen legen, wo nur wir sie zu Gesicht bekommen. Wie auch immer – alles, was für dich funktioniert, ist okay.

DEN PASSENDEN KRISTALL FINDEN

In diesem Buch wirst du mehr als siebzig Kristalle und ihre Heilkräfte kennenlernen. Die Porträts der Kristalle sind auf mehrere Kapitel aufgeteilt, die sich jeweils einem bestimmten Aspekt unseres Alltags widmen. Gemeinsam werden wir den Kristall suchen, der am besten zu dir und deinen aktuellen Bedürfnissen passt. Dabei ist es egal, ob du ein persönliches oder berufliches Ziel verwirklichen möchtest, ob du aus einem Stimmungstief herauskommen willst, ob du ein gutes Training optimieren oder ob du einfach nur gut schlafen möchtest!

Daher wirst du am Ende jedes Kristallporträts Hinweise auf andere Steine finden, die infrage kommen könnten. Jeder von uns hat eine andere Energie und eine andere Beziehung zu Kristallen. Es lohnt sich also durchaus, Zeit aufs Experimentieren und Erforschen zu verwenden. Finde heraus, welche Kristalle zu dir sprechen und wann und warum sie das tun. Du kannst auch jederzeit das Stichwortverzeichnis hinten im Buch durchblättern und dich inspirieren lassen. **Aber Vorsicht! Vergiss bitte nie, dass Heilsteine nicht dazu da sind, eine eventuell notwendige medizinische Behandlung zu ersetzen. Sie können sie nur unterstützen. Im Zweifelsfall sprich mit deinem Arzt oder Therapeuten.**

In diesem Buch findest du außerdem Tipps zu Auswahl, Anschaffung und Pflege deiner Kristalle. Durch Meditation, Tagebuchschreiben und Konzentration auf deine Chakras wirst du Mittel und Wege entwickeln, zu deinen Kristallen eine innere Bindung herzustellen und mit ihnen zu arbeiten. Du wirst lernen, mit deinen Kristallen zu leben und sie in deinen Alltag zu integrieren.

BIST DU BEREIT FÜR EIN LEBEN AUF EINEM HOHEN SCHWINGUNGSNIVEAU?

Angesichts der Fülle von Kristallen, die ich vor dir ausbreiten werde, befallen dich jetzt vielleicht Zweifel. Vielleicht hast du Angst, etwas falsch zu machen oder dich blöd anzustellen. Aber ich kann dich beruhigen: Ich bin keine Wissenschaftlerin, sondern im wahrsten Sinne des Wortes Heil-Praktikerin. Ich gehe ganz nach meinem Gefühl und arbeite mit Menschen ebenso intuitiv wie mit Kristallen. Meine größte Entdeckung in meiner mittlerweile fünfzehnjährigen Praxis war, dass es am besten ist, spielerisch an eine Sache heranzugehen und so herauszufinden, was für einen selbst am besten passt. Um mehr geht es nicht. Bist du bereit? Ich freue mich sehr, nun an deiner Seite das wunderbare Reich der Kristalle zu betreten.

Die wahre Magie der Kristalle beruht darauf, dass eine Wesensverwandtschaft zwischen ihnen und den Menschen besteht. So wie sich deine Gefühle, deine Wünsche und Bedürfnisse ändern, ist »dein« Kristall immer wieder ein anderer – das kann sich sogar täglich ändern. Weil deine innere Stimmung und die unvorhersehbaren Wechselfälle des Lebens die Wahl »deines« Kristalls beeinflussen, ist es eine gute Idee, immer eine Grundausstattung zur Hand zu haben, um für die meisten Eventualitäten gerüstet zu sein. Das ist ein bisschen so wie mit engen Freunden. Vielleicht hast du in den sozialen Medien Tausende von Freunden, aber wenn es hart auf hart kommt, dann sind es nur fünf oder sechs, auf die du wirklich zählen kannst. Und von denen zeichnet sich jeder durch einen ganz bestimmten Charakterzug aus. Bei dem einen weinst du dich aus, wenn du Liebeskummer hast, mit dem anderen ziehst du um die Häuser, auf den dritten stützt du dich, wenn du jemanden brauchst, der dir Mut macht, einen guten Rat gibt oder dich einfach nur in den Arm nimmt.

Genauso sprechen Kristalle zu mir – wie Freunde. Ob Freude oder Schmerz, ob ich in der Patsche sitze oder mich einfach nur amüsieren will: Ich weiß, ohne auch nur eine Sekunde überlegen zu müssen, an wen ich mich wenden und wohin ich gehen kann.

KRISTALLE AUSSUCHEN

Entdecke deine Steine

Aber woher weißt du jetzt, welche Kristalle für dich die richtigen sind? Wie findest du den richtigen Kristall für diesen Tag? Und ist es gar für jeden Tag ein anderer? Oder eher einer pro Woche? Kannst du mehrere Kristalle gleichzeitig bei dir tragen? Und die wichtigste Frage überhaupt: Woran merkst du, dass ein Stein für dich stimmig ist? Um es gleich vorwegzusagen: Dafür gibt es keine festen Regeln, aber es gibt ein paar Hinweise, nach denen du dich richten kannst. Vor allem musst du deinem Instinkt vertrauen, und der verstärkt sich mit zunehmender Erfahrung. Geh tiefer in deine Gefühle hinein. Spür aufmerksam der Energie nach, den Schwingungen und Botschaften, die die Kristalle dir übermitteln.

Ich vergleiche das Aussuchen von Steinen gerne mit dem Anziehen am Morgen. Häufig weißt du vorher schon genau, welcher Look es für den neuen Tag sein soll, und hast das passende Outfit bereits parat. Manchmal hast du es perfekt getroffen – weil dein tiefes inneres Wissen, deine Intuition, dich geführt hat. Es kommt aber auch vor, dass sich die Klamotten irgendwie nicht richtig anfühlen, wenn du hineingeschlüpft bist. Das Outfit, das du dir ausgesucht hast, passt an diesem Tag nicht. Genauso ist es bei deinen Kristallen – tief in dir drin weißt du genau, was in deinem

Leben verändert oder verbessert werden muss. Du blätterst in diesem Buch herum und findest, was du zu brauchen glaubst. Genau das, was ich gesucht habe, denkst du. Du fühlst in dich hinein, spürst aber keine Verbindung. Irgendwie passt es heute nicht. – Wie oft haben wir das schon gesagt? Doch das heißt nicht, dass die Sache an sich nicht funktioniert. Es heißt nur, dass du vielleicht anders an die Sache rangehen musst.

WIE VIELE KRISTALLE BRAUCHST DU?

Du brauchst so viele – oder so wenige – Kristalle, wie du möchtest. Du kannst auch mehrere Exemplare von einem Kristall haben. Jeder hat seinen Lieblingskristall. Geh es langsam an und lass deine Edelsteintruppe sich von selbst vergrößern. Es wird deine Entwicklung nicht beschleunigen, wenn du zwanzig Kristalle hast statt nur einen. Du kriegst immer raus, was du reinsteckst. Das hat nichts mit Anzahl, Größe oder Gewicht der Steine zu tun.

WIE VIELE KRISTALLARTEN GIBT ES EIGENTLICH?

Kristalle wachsen in nur sieben verschiedenen Grundformen bzw. Kristallsystemen, doch das reicht aus für mehr als zweitausend verschiedene Kristallarten. Manche Kristallformationen haben unterschiedliche Färbungen, und jede Farbe hat ihre speziellen Heileigenschaften – es ist also für jeden etwas geboten.

SPIELT ES EINE ROLLE, WIE KLEIN ODER GROSS DIE KRISTALLE SIND?

Auf die schiere Größe kommt es nicht an, genau wie beim Menschen. Ein kleiner Kristall kann sehr kraftvoll sein und eine stärkere Schwingungsenergie haben als ein riesiger Rohstein. Ich kann einen Stein in der Hand halten und die ganze Welt darin spüren. Du nimmst denselben Stein in die Hand und fühlst nichts. Was zählt, ist die Verbindung, die du zu einem Stein hast – dieses »Klick«, das es macht, wenn ihr euch begegnet.

WO FÄNGST DU AN?

Wenn wir etwas anpacken, sollten wir das immer mit einer klaren Absicht tun. Ob du nun eine arbeitsintensive Woche mit großen Zielen und wichtigen Terminen vor dir hast oder ein Date, dem du mit einer Mischung aus Vorfreude und Nervosität entgegensiehst – was auch immer, du musst dich nur eines fragen, nämlich: Was will ich wirklich? Benutz dieses Buch instinktiv. Blättere darin herum und schau, wo dein Blick hängen bleibt. Oder schmökere im Stichwortverzeichnis und schau, was dich anzieht, was dich beunruhigt, was du heilen oder verstärken möchtest.

Jeder Mensch hat eine andere Energie, und genauso hat jeder Mensch eine andere Beziehung zu Kristallen. Also spiel ein bisschen herum und finde heraus, was für dich funktioniert. Lass dich von diesem Buch leiten und führen, aber vergiss dabei nicht, immer auf deinen eigenen Instinkt zu horchen. Ich stehe unglaublich auf Tigerauge – der Stein flößt mir Vertrauen ein, wenn sich der Abgrund der Angst vor mir auftut. Hat aber meine Schwester in der gleichen Situation die Wahl zwischen Tigerauge und Gagat, so greift sie ganz selbstverständlich zu Letzterem, weil das nun mal der Stein ist, der zu ihr passt. Aus diesem Grund liste ich am Ende jedes Kristallporträts Steine auf, die ähnlich wie der jeweils beschriebene wirken.

SCHREIB'S AUF

Dokumentier von Anfang an alles, was du mit den Kristallen erlebst. Schreib es auf, mache Fotos – was auch immer du möchtest. Du findest nämlich am besten heraus, was für dich funktioniert, wenn du über deine Arbeit mit Kristallen und die Erfahrungen, die du dabei gemacht hast, Buch führst. Was hat dir wann geholfen? Ein Kristalltagebuch ist dein ganz persönlicher Selbsthilfe-Ratgeber. Festzuhalten, wie in einer bestimmten Situation, in der du dich so oder so gefühlt hast, dieser Kristall im Gegensatz zu jenem auf dich gewirkt hat, ist ein hochwirksames Hilfsmittel.

Wenn dir ein Kristall nicht mehr gibt, was du brauchst, ist das kein Grund, frustriert zu sein. Leg ihn einfach zur Seite, reinige ihn und versuch etwas anderes. Kristalle verurteilen dich nicht – keiner zweifelt an deiner Loyalität gegenüber einem bestimmten Stein. Doch wie willst du wachsen, wenn du nicht mit der reichen Vielfalt der Natur experimentierst?

SO BEKOMMST DU EIN GEFÜHL FÜR DIE STEINE

Zu welchem Stein du greifst, hängt letztlich davon ab, wie du dich gerade fühlst. Hier kommen ein paar Anregungen, wie du dich einstimmen kannst.

Vielleicht bist du gerade in Spiellaune, vielleicht leidest du an massiver Aufschieberitis oder was auch immer. Spür nach, was du jetzt brauchst. Dein innerer Kompass, deine Intuition, wird dich mit Sicherheit zu dem führen, was du suchst.

Reihe zuerst deine Kristalle vor dir auf. Meine Empfehlung ist, dass du sie wie einen Regenbogen vor dir auslegst. Reib dann deine Hände dreimal sanft aneinander, um die Chakras in der Handfläche anzuregen. Nun beweg deine dominante Hand von rechts nach links über deinen Kristallbogen. Atme dabei langsam und tief. Deine Augen sind sanft geschlossen. Dich auf diese Weise nach innen zu wenden macht dich empfänglicher für Signale von außen. Als Nächstes richtest du deine Aufmerksamkeit auf dein Anliegen. Wichtig ist, dass du es als Bitte formulierst. Ich schlage dir einige Formulierungen vor, die du aber nicht exakt übernehmen musst. Du wirst deine eigenen Worte finden, wenn du die Bitte mit Leben füllst:

Bitte führe mich zu dem, was ich brauche.
Ich bin sicher, dass die richtige Wahl für mich getroffen wird.
Bitte höre meinen Ruf, Kristall. Ich fühle mich müde/gestresst/…
Ich möchte …

Lass deine Hand sanft von links nach rechts und von rechts nach links über die Kristallreihe gleiten. Stell dir einen Schatzsucher vor, der den Strand mit einem Metalldetektor absucht – nur dass in diesem Fall deine Hand das Signal liefert. Atme langsam und tief ein und aus. Wiederhol dabei dein Anliegen und setz dich nicht unter Druck. Erkläre dann im Geiste: »Ich kann dich fühlen.« Oder: »Über meine Hand verbinde ich mein Herz mit dir.« Manchmal spüre ich ein sanftes Prickeln, wenn meine Hand über dem Stein schwebt, den ich gerade brauche. Manchmal ist es auch eine Art sanfter Hauch, der – mal warm, mal kühl – zwischen uns hindurchstreicht. Sollten sich Zweifel einschleichen, dann bitte um Bestätigung. Bewege deine Hand noch mal über die Steine. Widerstehe der Versuchung, unter den Augenlidern hervorzuschielen. Dann leg deine Hand dorthin, wo du das Signal erhalten hast. Sind es zwei Kristalle statt einem, dann ist das auch in Ordnung. Du kannst entweder beide Kristalle verwenden oder die Prozedur mit den beiden Steinen wiederholen.

DIE SCHNÄPPCHENJÄGER-METHODE

Die folgende Methode, einen Stein auszuwählen, ist zu hundert Prozent augen- und instinktgesteuert. Du kennst das sicher auch: Du siehst etwas in einem Geschäft und kaufst es, weil es dich »total anmacht« und du es »unbedingt haben« musst. Was immer dieses »Es« auch ist, es zieht dich in diesem Moment unwiderstehlich an. Es muss einfach sein. So funktioniert es auch bei Kristallen. Breite deine Steine vor dir aus, schließ deine Augen für einen Sekundenbruchteil und sag leise: »Zeig mir, was ich brauche.« Ein Stein wird dich anfunkeln, dein Blick wird förmlich zu ihm hingezogen. Du weißt, dass es der richtige Stein ist, wenn dein Herz sagt: »Der und kein anderer.« Oder wenn du einfach nur lächeln möchtest.

Zur Frage, wie viele Kristalle du gleichzeitig verwenden kannst: Das liegt ganz bei dir. Deine Schwingung zu verstärken hat auch damit zu tun, dass du auf dich hörst, deinem Bauchgefühl vertraust. Wie Freunde blockieren Kristalle sich nicht gegenseitig, sondern leisten Teamarbeit.

Ich halte es für überlebenswichtig, ein Netzwerk von Kumpels zu haben, an die ich mich immer wenden kann – meine Clique, meine Gang oder wie immer man das nennen will. Genauso habe ich auch ein Set von bewährten Kristallen, die sich als verlässliche Heilsteine erwiesen haben. Woher ich weiß, wer zu dieser Gang gehört? Nun, ich verbringe einfach Zeit mit ihnen und pflege unsere Verbindung, die Beziehung, die wir haben. Auf den folgenden Seiten stelle ich dir meine bewährten Kristalle vor. Such dir unter den Steinen die heraus, von denen *du* das Gefühl hast, dass sie am besten zu dir passen. Tausch auch mal einen Kristall gegen einen anderen aus, aber gib ihm vorher bitte ein wenig Zeit, zu dir zu »sprechen«. Ist in deinem Leben gerade die Hölle los, sodass du am liebsten schreiend davonrennen (oder zumindest in Urlaub fahren) möchtest? Dann sind die Kristalle auf den folgenden Seiten genau die Nothelfer, die du brauchst. Natürlich wird deine Gang anders aussehen als meine, doch diese Steine sind Klassiker, bei denen die meisten Menschen eine Wesensverwandtschaft spüren.

DEIN KRISTALL-SUPERSET

Rosenquarz

UMARME UND LIEBE DEIN WAHRES SELBST

Rosenquarz ist der Stein des Herzens … dein Herz, mein Herz, das Herz des Lebens. Ganz wie seine blumige Namenspatronin fördert und verströmt dieser wunderschöne, wärmende Kristall strahlende, bedingungslose und mitfühlende Liebe. Ob bearbeitet oder roh, ob als Trommelstein oder als Handschmeichler in einer schönen Form, ob in der Hosentasche getragen, unter dem Kopfkissen oder neben dem Bett platziert – dieser sanfte, friedliche rosafarbene Stein möchte die Liebe in deinem Herzen stärken und klären. Er gibt dir den Mut, die innerste Essenz deines Selbst zu lieben. Unter seiner sicheren Führung kannst du die verschiedenen Gesichter der Liebe im Alltag erkunden. Rosenquarz ist der Kompass deines Herzens. Liebevoll leitet er dich dorthin, wo er spürt, dass du in dir Dinge in Ordnung bringen musst, damit du wachsen und dein Potenzial entfalten kannst.

Machen dein Ego bzw. düstere Gedanken dir zu schaffen und wollen dich auf einen möglichen Irrweg locken? Solange dein liebender Freund zugegen ist, brauchst du keine Angst zu haben. Willst du die Liebe des Lebens im Herzen fühlen, sehnst du dich danach, dass Amor an deine Tür klopft? Wünschst du dir Mitgefühl, weil dir die Dinge über den Kopf zu wachsen drohen? Dann erlaube dem Rosenquarz, an deiner Seite zu sein.

Tigerauge

FÜR INNERE STÄRKE UND VERTRAUEN

Das Tigerauge ist *der* Schutzstein, der dich mehr als jeder andere wieder mit Zuversicht erfüllt. Er bringt die Dinge in dir in Bewegung und ermöglicht dir, durch den Nebel deiner Zweifel, durch die finstersten Schatten hindurchzuschauen und die Flamme reinen, nackten Feuers zu erspähen. Das Tigerauge lässt dieses Feuer im Alltag auflodern und führt dich über die Abgründe der Angst und alter Zweifel hinweg. Das rotbraune und das gelbe Tigerauge fungieren als verlässlicher Bodyguard, der dir den Rücken freihält, sodass du in den Mantel des Vertrauens gehüllt gelassen und inspiriert durch den Tag gehen kannst. Das Tigerauge schärft unser inneres Auge, sodass wir die Dinge sehen können, wie sie wirklich sind. Wenn alles im Umbruch ist, gibt das Tigerauge uns Kraft.

Wenn du zu einer wichtigen Besprechung gehst oder Riesenbammel vor deinem ersten Date hast, wenn du dich wieder im Hier und Jetzt verankern musst, wenn du Angst hast, über deine eigenen Füße zu stolpern, dann solltest du ein Tigerauge bei dir tragen. Erlaube dem Stein, dir deine eigene Kraft vor Augen zu führen und sie stolz ins Leben hineinzutragen.

Amethyst

SALBE DEINE SEELE MIT DEM LINDERNDEN BALSAM VON KLARHEIT UND STILLE

Dieser herrlich anzusehende, kräftig violette Kristall verleiht uns größere Kontrolle über den mäandernden Fluss unserer Gefühle und fördert unsere emotionale Balance. Der Amethyst erinnert uns daran, dass unsere emotionalen Befindlichkeiten zu unseren stärksten Verbündeten werden können, wenn wir sie klug nutzen. Gelingt es uns, sie auszubalancieren, schützt uns das davor, allzu »gefühlstrunken« zu werden bzw. »in den Wogen unserer Emotionen unterzugehen«. Und nicht nur das: Dieser Stein ermöglicht es uns, den zarten Schleier zwischen der materiellen und der spirituellen Welt zu lüften. Er kanalisiert unsere Emotionen, sodass sie zu einer Brücke in die geistige Welt werden, wo wir nach höherer spiritueller und emotionaler Erfahrung suchen können.

Du weißt nicht, wie du mit einer schwierigen Situation umgehen sollst? Du brauchst Klarheit, weil du eine wichtige Entscheidung treffen musst, und weißt nicht, wen du um Rat fragen sollst? Dann wende dich an den Amethyst. Er wird dir süßen Frieden schenken, sodass das Leben dir die Antwort zuflüstern kann, um die du gebeten hast. Der Amethyst ist mein absoluter Lieblingsstein.

Citrin

TANZE VOR FREUDE UND SCHWIMME IM ERFOLG

Dieser sonnengelbe Kristall ist der Generalschlüssel zu Fülle und Überfluss. Dabei meine ich nicht nur, dass er die große Kohle reinbringt … er bringt Erfolg in allen Bereichen, ob in finanziellen, beruflichen oder privaten Dingen. So wie die Sonne sich durch die grauen Wolken am Himmel brennt, so verbrennt der Citrin alles Negative. Dieser Stein eignet sich hervorragend, um nach einem Streit deine vier Wände von noch im Raum hängenden Gewitterwolken zu reinigen, deinen Geldbeutel zu füllen und dein innerstes Wesen zu nähren. Und das kann er, weil er sich mit dem Reichtum und der Fülle deiner eigenen freudvollen, von Glück erfüllten Schwingungsenergie verbindet.

Bergkristall

FÜR MEGASCHWINGUNGEN

Auch wenn der Bergkristall auf diesem Planeten Massenware zu sein scheint, sollten wir nicht den Fehler machen, ihn zu ignorieren oder ihm seine Wirksamkeit abzusprechen. Wie oft verlieren wir doch die Orientierung – das Leben bringt uns manchmal aus heiterem Himmel ins Trudeln, und wir wissen nicht mehr, wer wir sind und was wir hier sollen. Dann tönt uns der Mitternachtsblues auch am Tag in den Ohren. In solchen Notzeiten verspüren wir das Bedürfnis, unseren inneren Kompass nach einem ganz »speziellen Hilfsmittel« zu befragen, das unsere Stimmung wieder hebt. Was wir aber tatsächlich brauchen, liegt uns zu Füßen. Beim Bergkristall sollten wir eines nicht vergessen: Die Kraft liegt nicht nur in der Ruhe, sondern auch in der Masse, das heißt in der Kristallgruppe. Die ultrahohe Frequenz dieses erleuchtenden Kristalls ermöglicht uns, dass wir uns über den Lärm der Welt und unser ständiges inneres Geschnatter zu einem Zustand der Verbundenheit mit unserem geistigen Selbst erheben. Falls du jemals das Bedürfnis gehabt hast, dich mit dem Leben wieder im Gleichklang zu fühlen, ist es ohne jede Frage dieser Stein, der das möglich macht.

Ein friedvolles Inneres, ein ruhiges Herz sind Seinszustände. Doch oft suchen wir danach außerhalb von uns selbst, klammern uns an Äußerlichkeiten und andere Menschen, wenn wir inmitten unserer Lebensstürme zu mehr Ruhe finden wollen. Tatsächlich sollten wir aber unseren eigenen Hafen ansteuern, um dort den viel zitierten »Geistesfrieden« zu finden. Was heute für dich der blanke Horror ist, ist morgen vielleicht ein Spaziergang. Was dich aus dem Gleichgewicht bringt, lässt jemand anderen vielleicht zufrieden schnurren. Die Kristalle, die ich dir im Folgenden vorstelle, können dir Kraft geben und dir durch verschiedene Herausforderungen hindurchhelfen.

KRISTALLE FÜR RUHE UND FRIEDEN IM HERZEN

Blauer Chalcedon

LÖST BELASTENDE GEISTIGE ZUSTÄNDE AUF

Ganz wie die Wolke, der er ähnelt, erlaubt dir dieser kostbare, hellblau und weiß gebänderte Kristall, negative mentale und emotionale Muster zu lindern und mit leichter Hand aufzulösen. Blauer Chalcedon erhebt dich geistig und schenkt dir Frieden. Zu seinen Gaben zählt auch eine bessere, neu ausgerichtete Kommunikation mit dir selbst und deinen Mitmenschen. Er hilft dir, zu deiner Authentizität und einer gestärkten positiven Grundhaltung zurückzufinden. Das ist der richtige Stein, wenn wir müde und ausgelaugt sind, wenn wir in blindem Aktionismus irgendwelche Dinge tun oder sagen, obwohl wir das eigentlich gar nicht wollen, und damit nicht nur andere, sondern auch uns selbst verletzen. Wenn du keine Worte mehr hast und einfach nur nach Erlösung von der Last deiner Negativität suchst, dann ist dies dein Stein.

Kristalle mit vergleichbarer Wirkung: Lapislazuli, Bergkristall, Opal

Gagat

ABSORBIERT NEGATIVE ENERGIE UND SCHÜTZT

Der pechschwarze Kristall ist der Stein der Nacht – wobei Nacht hier nicht Angst und Schrecken bedeutet, sondern eine Zeit machtvoller, energetisierender Reinigung. Gagat strahlt eine Schutzschwingung aus, die sozusagen den Kern negativer Energien absorbiert. Er nimmt schlechte Schwingungen in sich auf und lindert dieses Gefühl des Unbehagens, das sich einstellt, wenn du an Spannungen festhältst. Gagat funktioniert also quasi wie ein Schwamm. Belastendes stört dich nicht mehr, und du gehst erhobenen Hauptes durchs Leben. Vielleicht hast du zu einer neuen, beschwingteren Gangart gefunden, doch leider kommt es deshalb jetzt zu Spannungen zwischen dir und deinem besten Freund, deinem Partner oder einem Kollegen. Oberflächlich versuchen sie vielleicht, sich für dich zu freuen, doch tief drin spürst du, dass sie mit dieser neuen Seite an dir nicht zurechtkommen. Statt dir das zu Herzen zu nehmen, kannst du mit dem Gagat einen Schutzmantel um dich legen, der die negative Energie der anderen absorbiert und auflöst, damit du weiter wachsen kannst.

Kristalle mit vergleichbarer Wirkung: Lepidolith, Rauchquarz, Tigerauge

Jade

FÜR HEITERKEIT UND EIN OFFENES HERZ

»Jade« bezeichnet eine Vielzahl farbenprächtiger Mineralien, die alle ganz spezifische Eigenschaften aufweisen. Die nährende grüne Jade wirkt tiefgehend reinigend und stabilisierend. Sie möchte dir Heiterkeit schenken und deine Intuition stärken – dieses Gefühl zu wissen, ohne zu wissen, *warum* du weißt, ein Gefühl, das aus unserem Herzen und nicht aus unserem Gehirn kommt. Verwende diesen Kristall, wenn du das Gefühl hast, dass

deine Emotionen – egal, ob positiv oder negativ – mit dir Schlitten fahren. Seine mütterlichen, nährenden Qualitäten wärmen dich und unterstützen dich dabei, schmerzliche oder unnütze Emotionen gefahrlos aufzulösen. Wenn du mit Jade dein drittes Auge, deine Stirn oder deine Schläfen reibst, lindert das den Spannungskopfschmerz.

Kristalle mit vergleichbarer Wirkung: Coelestin, Mondstein, Peridot, Rosenquarz

Bergkristall

KLÄRT DIE SICHT

Die hohen Schwingungen des Bergkristalls ermöglichen uns einerseits, mit beiden Beinen auf dem Boden zu bleiben, und gestatten uns andererseits, uns geistig zu erheben und die Schleier des Selbstzweifels – Selbstmitleid, selbstquälerische Gedankenmuster, die zu Trauer und Depression führen – zu durchtrennen. Bergkristall ermutigt uns, das wirkliche Leben durch seine kristallklare Linse zu sehen. So finden wir wieder zu einer höheren Sicht von uns selbst. Heutzutage möchten wir mehr und mehr von anderen wahrgenommen und akzeptiert werden, indem wir ihnen bestimmte Bilder von uns präsentieren – ein »Like«, ein digitales Herzchen in den sozialen Medien geben uns einen kurzen Kick, langfristig aber fesseln sie uns an das wirbelnde Rad von Beifall und Nichtbeachtung. Bergkristall dagegen schenkt dir ein »Like«, das von innen kommt und lange nachwirkt. Sieh dich selbst und lass zu, dass du gesehen wirst. Dieser Kristall ist ein verlässlicher Freund, wenn du eine umfassendere Verbindung mit dem geistigen Selbst suchst.

Kristalle mit vergleichbarer Wirkung: Amethyst, Coelestin, Citrin, Opal

Citrin

WERD DEINE EIGENE SONNE

Stell dir den Citrin vor wie eine Sonnenblume in einem Feld. Wie die Pflanze, so weitet und öffnet auch der Citrin unser Herz. Er wendet unser Fühlen, unser Denken, unser Selbst den warmen Strahlen des Lebens zu. Arbeite mit diesem Kristall, um selbst geschaffene geistige Blockaden zu überwinden. Wenn du das Gefühl hast, dass du von der Strömung des Lebens unter Wasser gedrückt wirst, dann lass dich vom Citrin daran erinnern, wie es ist, in Freude zu baden. Vielleicht tänzelst du nach einem von Freude erfüllten Wochenende mit strahlender Laune ins Büro, doch leider spiegelt das Umfeld dort so gar nicht wider, wie du dich gerade fühlst. Doch statt dich jetzt auf Bürofrequenz herunterzudimmen, öffne dein Herz und verströme den Sonnenschein in dir, um den Raum energetisch aufzuladen – alle Menschen profitieren, wenn wir unser Licht teilen.

Kristalle mit vergleichbarer Wirkung: Quarz, Rhodonit, Rosenquarz, Sonnenstein

Aventurin

BESÄNFTIGT ÄRGER UND GEREIZTHEIT

Dieser grüne Stein besitzt zutiefst bereichernde Eigenschaften. Verwende ihn, um dich tief in dem Gefühl der Ruhe zu verankern, denn er fördert die Glückseligkeit geistiger Stabilität. Dieser Stein vermag Ärger und Gereiztheit zu besänftigen – in der Innenwelt ebenso wie in der Außenwelt. Seine wohltuende Schwingung harmonisiert dein zentrales Nervensystem und balanciert es aus. Es ist, als würdest du den Resetknopf drücken. Dieser Stein nimmt die Last der Welt von deinen Schultern und lässt Frieden in deinen Geist einziehen. Jemand hat dich in der U-Bahn geschubst, hat sich im Bus vorgedrängt und dir den letzten Sitzplatz weggeschnappt, ist in dich reingelaufen, weil er total mit seinem Handy beschäftigt war? Ein Kollege hat dir deine Idee geklaut und sie als die seine verkauft? Statt nun loszubrüllen: »Das ist ja so gemein!«, nimm lieber einen Aventurin in die Hand und streiche mit dem Daumen darüber. Jedes Mal, wenn du am Stein reibst, flaut der Sturm ab, er legt sich, noch ehe du lautstark deinen Ärger verkündest.

Kristalle mit vergleichbarer Wirkung: Perlmutt, Amazonit, Amethyst, Sugilith

Coelestin

FÜR SPIRITUELLE FÜHRUNG UND STÄRKUNG DER GÖTTLICHEN MACHT

Wann immer du die Heiterkeit der göttlichen Kraft spüren und die himmlischen Mächte um Führung anrufen möchtest; wann immer dir das Leben keine andere Wahl mehr lässt, als dich an etwas zu wenden, das sehr viel größer ist als du; wann immer du diese Macht, diese Präsenz spüren, dich in dein Inneres zurückziehen willst, ist dieser cremeweiße oder milchig-blaue Kristall dein Stein. Er ist ein magischer Stresslöser. Wenn das Leben mit hundertachtzig Sachen dahinrauscht und es sich so anfühlt, als würdest du immer mehr die Kontrolle verlieren, dann bitte den Coelestin, dich mit seiner warmen Energie zu umarmen. Dieser Kristall ist dein Nothelfer in Zeiten, in denen du dich dem Unbekannten überlassen musst, der göttlichen Macht, dem großen himmlischen Architekten. Ein Coelestin im Haus schafft Wärme, Schutz und neue Möglichkeiten.

Kristalle mit vergleichbarer Wirkung: Amethyst, Jade, Lapislazuli, Malachit[1]

1 Malachit solltest du nur kurzfristig benutzen. Auf zwanzig Minuten Arbeit mit einem Malachit sollten zehn Minuten mit einem sanften Stein wie dem Rosenquarz folgen.

Blauer Calcit

ABSORBIERT FRUSTRATION

Blauer Calcit ist ein bemerkenswerter Kristall. So wie die Leber das Blut reinigt und wieder in den Kreislauf zurückführt, absorbiert und filtert der blaue Calcit Energie, um sie für uns zuträglich zu machen. Wenn du dich einsam und verlassen auf weiter See fühlst, dann lass den blauen Calcit zu deinem Rettungsboot werden. Leg dein sorgenbeschwertes Haupt auf dieses Kristallkissen und öffne dich für seine sanfte, entspannende, regenerierende Berührung. Blauer Calcit harmonisiert auch den Blutdruck. Wenn du abends voller Frust und Wut bist, dann verschaffe dir Linderung mit seiner Magie.

Kristalle mit vergleichbarer Wirkung: Anhydrit, Jade, Onyx, Türkis

Hast du dir je Gedanken darüber gemacht, wie viel von deinem Tag – deinem Leben – du in der Arbeit verbringst? Ich muss dir wohl nicht sagen, dass diese Stunden wirklich von großer Bedeutung sind, dass du aus ihnen herausholen solltest, was dir wichtig ist, was dich lebendig macht und dir Kraft gibt. Aber vielleicht brauchst du ein bisschen Unterstützung, um herauszufinden, was dich aufblühen lässt oder wie du im Pulk dein Licht ein klein bisschen heller strahlen lassen kannst als die anderen. Mit anderen Worten: wie du erfolgreich werden und glücklich und zuversichtlich vorwärtsgehen kannst. Hier möchte ich dir ein paar neue Kollegen vorstellen, die dir helfen werden, das Leben anzupacken und im Beruf zu glänzen, egal, was du machst.

KRISTALLE, UM IM JOB DURCH-ZUSTARTEN

Fluorit

DÄMPFT DEN LÄRM UND STÄRKT DEIN ORGANISATIONSTALENT

Fluorit ist ein ganz wunderbarer Stein, um Umgebungslärm zu dämpfen. Außerdem sorgt er dafür, dass wir uns besser organisieren. Er präsentiert sich in den vielfältigsten Farben: grün, blau, violett, gelb und braun. Greif zu diesem Kristall, wenn du mentale Einflüsse und Geplapper von außen runterdimmen willst. Er verleiht dir mehr geistige Klarheit. Fluorit trägt dazu bei, dass die schärfsten Werkzeuge in deinem Köfferchen noch schärfer werden: Er hilft dir beim Lernen, schenkt dir Selbstbewusstsein, Organisationstalent und die Gabe, den Alltag besser zu strukturieren. Daher sollte er in deiner Schreibtischschublade ganz oben liegen.

Kristalle mit vergleichbarer Wirkung: Aventurin, Bergkristall, Hämatit, Tigerauge

Hämatit

FÜR MEHR FOKUS UND KONZENTRATION

Der Hämatit wurde im alten Ägypten zum Spiegel geschliffen, was wohl an seinem geheimnisvollen Silberglanz liegt. Seine Fähigkeit, Licht zu reflektieren, und seine magnetischen (nicht ferromagnetischen) Eigenschaften stärken deine Konzentration, wenn du vor Herausforderungen stehst. Wenn du den Überblick verloren hast, lenkt er deine Aufmerksamkeit auf das, was auf deiner To-do-Liste ganz oben steht, und wenn du dir angesichts uner-

warteter Kritik nichts mehr zutraust, erfüllt er dich mit neuer Zuversicht. Hämatit ermöglicht es dir, aus solchen Situationen zu lernen und zu deiner Arbeit bzw. deinem Studium zurückzukehren und dich auf die wichtigen Ziele zu konzentrieren, ohne dich in Details zu verlieren.

Kristalle mit vergleichbarer Wirkung: blauer Kyanit, Obsidian, Gagat

Tigerauge

FÜR SPRUDELNDE KREATIVITÄT

Das Tigerauge hält dein Selbstvertrauen lebendig. Sein wunderschöner gelb-brauner Schimmer – oder auch die Varianten in Pink, Blau und Rot – lässt diesen ruhigen Stein kreative Blockaden auflösen. Er lenkt deinen Geist wieder zurück zu deiner Aufgabe. Setz ihn ein, wenn du dünnhäutig bist oder zerstreut, er lässt dich deine Aufgabe annehmen und wacht darüber, dass du sie präzise erfüllst. Das Tigerauge schenkt dir Zuversicht und die nötige Leidenschaft für ein kreatives Brainstorming oder ein Gespräch über deine Zukunft. Lass dir von ihm helfen, Redeangst zu überwinden, und lass dir zeigen, wie kreative Kommunikation funktioniert.

Kristalle mit vergleichbarer Wirkung: Achat, Amethyst, Aventurin, Labradorit, Rubin

Türkis

VERBESSERT DEINE KOMMUNIKATION

Der leuchtend blaue, petrolfarbene oder grüne Türkis ist ein Meister der Kommunikation. Der Türkis ermutigt dich, dein Selbst zu entdecken und das Zepter in die Hand zu nehmen. Du weißt nicht, wie du im Büro »du selbst« sein sollst? Der Türkis wird dir dabei helfen, deine Talente ohne Angst vor Zurückweisung, ohne falsche Scham zum Ausdruck zu bringen. Der farbenfrohe Stein lässt dich jedoch nicht nur aus dem Herzen sprechen, er erlaubt dir auch, die innerste Wahrheit anderer zu hören. Du wirst wachsen und gedeihen, während du in deinem Team eine wichtige Position einnimmst. Außerdem reduziert der Türkis Interferenzen zwischen deiner Schwingungsenergie und technischen Geräten. Er balanciert deine Stimmung aus und schafft Klarheit, wenn schwierige Entscheidungen zu treffen sind. Wenn du müde bist und Stress und Sorgen über dich hereinbrechen, dann schenkt er dir neue Energie – alles auf einmal. Ein wahrer Allrounder, wenn es darum geht, das Spiel zu deinen Gunsten zu drehen!

Kristalle mit vergleichbarer Wirkung: blauer Kyanit, blauer Chalcedon, Iolith, Tigerauge

Rubin

FÜR MEHR KRAFT, HINGABE UND ERFOLG BEI DEINER AUFGABE

Der Rubin bereichert uns. Sein machtvolles, warmes Rot, das an das Leuchten einer Kerzenflamme erinnert, bringt uns in eine anhaltende und ausgewogene Schwingung, die uns energetisch auflädt. Gleichzeitig beruhigt der Rubin und versetzt uns ganz natürlich in einen Zustand erhöhten Selbstbewusstseins. Mit diesem Edelstein holen wir die Kraft des Löwen in unser Herz. Wir genießen unsere Selbstachtung, während wir zuversichtlich unsere Leidenschaften erforschen und sie mit anderen teilen. Dieser Edelstein schützt uns, vor allem vor übler Nachrede. Mit ihm an unserer Seite können wir mutig unseren Weg beschreiten.

Kristalle mit vergleichbarer Wirkung: Granat, Hämatit, Tigerauge

Chrysokoll

WECKT DEINEN EIFER UND STÄRKT DEINE MOTIVATION

Cool bleiben und nicht aufgeben ist eine wichtige Fähigkeit im Arbeitsalltag. Der Chrysokoll unterstützt dich dabei, weil er negative Strömungen zurückwirft und entlädt – das gilt für Mensch wie Maschine gleichermaßen! Darüber hinaus ist der Chrysokoll ein Allrounder, wie man ihn sich in der Kristallfamilie nur wünschen kann. Er beruhigt nicht nur, sondern schenkt auch neue Energie, entschärft deine Selbstzweifel und flößt dir wieder Selbstvertrauen ein. Er stärkt deine Persönlichkeit und richtet dich gleichzeitig neu aus, damit du deine wahren Bedürfnisse erkennst und für ihre Erfüllung kämpfst. Chrysokoll ist ein Stein der Wiedergeburt. Wenn du Ermunterung und neue Impulse brauchst, lass dir von ihm helfen: Er bringt frischen Wind in stagnierende Lebensbereiche.

Kristalle mit vergleichbarer Wirkung: Rosenquarz, Hämatit, Tigerauge, Gagat, Schneeflocken-Obsidian

Regenwaldjaspis (Rhyolith)

FÜR ERFOLG UND OFFENE TÜREN

Frieden, Glück, Erfolg und ein ordentlicher Cashflow – was davon steht auf deiner »Ja, bitte!«-Liste? Du hast Glück! Der Regenwaldjaspis kann all diese Dinge in dein Leben bringen. Deshalb ist er wie ein Schlüssel zu einer Schatztruhe: Steckst du ihn ins Schloss, fühlst du dich gestärkt und mit neuer Energie aufgeladen. Dann bist du bereit, dich auf deine Aufgabe zu stürzen, auch wenn dich die Müdigkeit überfällt und du nach dem Mittagessen glaubst, keinen Finger mehr rühren zu können. Du willst diese Beförderung, willst diesen nächsten, großen Schritt tun? Du willst etwas anderes ausprobieren, du willst ein Risiko eingehen? Dann nutze den Rhyolith, um Türen aufzustoßen. Sei mutig, denn was du hinter den Türen findest, übersteigt deine kühnsten Träume.

Kristalle mit vergleichbarer Wirkung: Bernstein, Golden-Healer-Quarz, Anhydrit, Saphir, Türkis

Was wir der Außenwelt zeigen, ist ein Spiegel dessen, was wir im Innersten sind. Das gilt natürlich auch umgekehrt. Eine gesunde Energie ist so wichtig wie gesunde Ernährung, eine gesunde innere Einstellung, eine strahlende Haut und ein kraftvoller Körper. Wenn wir aus dem Gleichgewicht geraten sind, wenn wir eine lange Nacht hatten, wenn wir ewig vor dem Computer rumgehangen haben oder verzweifelt gegen den Impuls ankämpfen, den Kühlschrank leer zu futtern, dann können alle möglichen verrückten Dinge passieren. Das Leben ist manchmal schwer verdaulich. Dann unterdrücken wir unsere Emotionen und fühlen uns innerlich irgendwie unwohl, und das macht die Außenwelt noch chaotischer. Hier stelle ich dir ein paar Helfer vor, die deine Willenskraft stärken, wenn du über die Stränge geschlagen hast (was ja in Ordnung ist). Manchmal braucht unser Körper ein bisschen Fürsorge oder unsere Seele eine Prise liebender Güte. Aber gerade in solchen Zeiten solltest du die Finger weglassen von Zigaretten, Alk oder Eiscreme.

KRISTALLE FÜR INNERE BALANCE

Rauchquarz

ZUM ENTGIFTEN

Dieser Freund aus der Quarzgruppe ist wie seine Geschwister ein echter Schwerarbeiter-Kristall mit hoher energetischer Schwingung. Er ist eine wunderbare Wahl, wenn du eine innere Reinigung brauchst. Rauchquarz ist ein Katalysator für die Nieren, er hilft uns bei der Ausscheidung unerwünschter Gifte. Daher ist er der optimale Partner für eine schweißtreibende Trainingseinheit im Fitnessstudio oder einen Besuch in der Sauna. Nutze ihn ruhig zur Erdung, wenn du ein High-Intensity-Intervalltraining machst, denn er sorgt dafür, dass du dich immer auf die unmittelbar bevorstehende Herausforderung konzentrieren kannst. Er stellt mit einem Wisch das geistige Geplapper ab, das dir weismachen will, du würdest es nie schaffen. Und dann kommt Freude auf, denn du merkst schnell, dass du es sehr wohl draufhast.

Kristalle mit vergleichbarer Wirkung: blauer Apatit, Opal, Beryll

Blauer Apatit

SO BEKOMMST DU DEINE SÜCHTE IN DEN GRIFF

Apatit bringt Resultate. Und er schenkt dir die nötige Geduld, um zu warten, bis sie sich einstellen. Wenn du bei einer Diät gezielt Unterstützung suchst, dann ist der blaue Apatit dein Stein. Überfällt dich der Heißhunger, und du schielst sehnsüchtig zum Kühlschrank, dann hilft dir der Apatit, solche Tiefpunkte zu überwinden. Darüber hinaus kurbelt er den Stoffwechsel an und hilft, Eiweiß besser zu verdauen. Blauer Apatit motiviert dich am Morgen, wenn die Umarmung des Kissens so viel verlockender ist als der frische Wind auf dem Gesicht beim Joggen oder der laute Beat im Steppkurs, für den du dich sowieso nur halbherzig angemeldet hast.

Kristalle mit vergleichbarer Wirkung: Aventurin, Gagat, Bergkristall, Rosenquarz

Heliotrop

KURBELT DAS IMMUNSYSTEM AN

Der wunderschöne rot-grüne Stein ist die richtige Wahl, wenn du erkältet bist oder spürst, dass eine Erkältung im Anflug ist. Auch wenn du allgemein nicht so richtig fit bist, ist der Heliotrop sehr hilfreich. Er stärkt das Immunsystem, sorgt dafür, dass dein Körper sich erholen kann, und bringt dich wieder auf den Damm. Er zerstreut auf sanfte Art Negativität und hebt dein Energielevel, sodass du dich durch die Müdigkeit hindurchkämpfen kannst. Der Heliotrop ist ein ganz grundlegender Kristall, weil er uns wieder ins Lot bringt und fit macht. Er bringt uns auf Kurs.

Kristalle mit vergleichbarer Wirkung: Aventurin, Karneol, Koralle

Granat

FÜR GENESUNG UND ENERGETISIERUNG (AUCH GEGEN KATER)

Der Granat ist ein allmächtiger Kristall, der in vielen Farben vorkommt: rot, rosa, grün, orange, gelb, braun und schwarz. Er wirkt Wunder, wenn es um das Genesen von Krankheiten geht, weil er die Regeneration auf körperlicher und seelischer Ebene anstößt. Der Granat unterstützt dich, wenn du dich ausruhen musst. Er reinigt deine Energie und zieht neue an, wenn deine Speicher leer sind. Der Granat ist einer der Herzsteine, er bringt dein Blut zum Fließen. Wenn du eine sportliche Herausforderung vor dir hast, dann schenkt dir der Granat das nötige Quäntchen Glück, damit deine Anstrengungen von Erfolg gekrönt werden. Außerdem lindert er alle Arten von selbst verschuldeter Katerstimmung!

Kristalle mit vergleichbarer Wirkung: Amethyst, Gagat, Lepidolith, Tigerauge

Lepidolith

LÖST ANSPANNUNG

Es ist wichtig, dass wir uns nicht nur mental stark fühlen, sondern dass wir diese Kraft auch im Körper spüren. Der lila, rosa oder violett getönte Lepidolith unterstützt uns dabei. Solltest du Flexibilität brauchen, um eine neue Richtung einzuschlagen, oder wirst du von alten Leiden gequält, dann wirkt der Lepidolith Wunder: Er hilft dir, Spannungen loszulassen, was sich vor allem auf die Gelenke auswirkt. Außerdem hilft er dir, Süchte in jeglicher Form zu überwinden.

Kristalle mit vergleichbarer Wirkung: blauer Chalcedon, Onyx, Rauchquarz

Onyx

FÜR EINE POSITIVE GEISTIGE EINSTELLUNG

Eine positive Geisteshaltung ist mitunter nicht leicht zu erlangen. Der Onyx hilft dir dabei, denn er verwandelt negative in positive Energie. Das ist so eine Art Frühjahrsputz für das innere Geschwätz, mit dem wir uns häufig das Leben schwer machen. Danach haben wir einen klareren Blick auf das, was in der Welt geschieht, und können in schwierigen Situationen sinnvolle Entscheidungen treffen. Onyx ist ein kraftvoller Entgifter. Der Kristall trägt dazu bei, dass sich die negative Energie auflöst und wir sie nicht in uns aufsaugen wie ein Schwamm.

Kristalle mit vergleichbarer Wirkung: Lepidolith, Malachit[2], Opal, Tigerauge

2 Malachit solltest du nur kurzfristig benutzen. Auf zwanzig Minuten Arbeit mit einem Malachit sollten zehn Minuten mit einem sanften Stein wie dem Rosenquarz folgen.

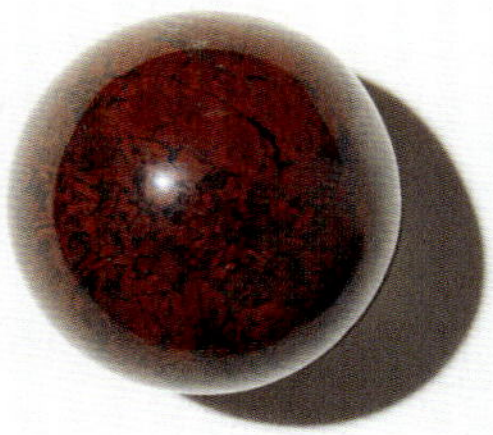

Was macht uns schön? Was ist Schönheit überhaupt? Darüber lässt sich streiten, ich bin mir jedoch sicher: Schönheit ist nichts, was du siehst. Du fühlst sie vielmehr. Schönheit hat ihre Wurzeln im Inneren, von dort strahlt sie hinaus in die Welt. Willst du dich schön fühlen, musst du negative Gedanken loslassen, zum Beispiel über Narben oder Sommersprossen oder was dich sonst so stört. Du lässt sie los und siehst … dich! Wie auch immer du aussiehst, was dir die Gesellschaft auch immer einredet: Du bist schön! Wie aber können wir jene Dinge stärken, die uns schön machen?

KRISTALLE FÜR EINE STRAHLENDE ERSCHEINUNG

Rhodochrosit

FÜR STRAHLENDEN GLANZ UND EINE SCHÖNE HAUT

Das warme, tröstliche Rosa und das leuchtende Orange des Rhodochrosits helfen dir, eines der wichtigsten Dinge dieses Lebens zu erlangen: reine, selbstlose Liebe, die natürlich jedem gut zu Gesicht steht. Warum also nicht einen Rhodochrosit tragen? Er ist der Stein der Verjüngung – für Haut, Haare, Haarwurzeln und Nägel. Er hilft dir, dich zu regenerieren und das Beste aus dir zu machen, sodass alles an dir erstrahlt. Ein wunderbarer Stein für dein Beautycase! Bewahre ihn unterm Kopfkissen auf, auf dem Nachttisch oder im Badezimmer – überall dort, wo du deine Schönheit pflegst.

Kristalle mit vergleichbarer Wirkung: Karneol, Labradorit, Rosenquarz

Labradorit

LÄSST DEIN SELBSTVERTRAUEN ERBLÜHEN

Der Labradorit ist ein »Spiegelstein« – er zeigt dir, wie du wirklich aussiehst, nicht wie dein Ego dich sieht. Der Labradorit schenkt uns eine ganz bestimmte Energie, weil er tief in unser Herz eintaucht, in unsere Seele, und dort alles Gute zum Vorschein bringt. Mit jedem Herzschlag steigt deine Selbstachtung, strahlst du mehr Glanz aus. Labradorit ist der Meisterstein, wenn es darum geht, Unerwünschtes zu vertreiben – belastende Energien aus der Aura und aus dem Innenleben zu verbannen. Auf diese

Weise klärt er deine energetische Struktur und stärkt deine angeborenen Gaben. Dabei zerstört er alle Mythen über dein Aussehen und lehrt dich, jene Dinge zu schätzen, für die du dich immer geschämt hast. Wenn du dem Labradorit die Hand reichst, reichst du sie dir selbst. Der Stein wird dir zeigen, wie Schönheit in ihrer reinsten Form wirkt. Und er wird dich ermutigen, dich mit warmen, liebevollen und ehrlichen Blicken zu betrachten, wenn du vor dem Spiegel stehst. Würde man ihn »kraftvoll« nennen, wäre das maßlos untertrieben.

Kristalle mit vergleichbarer Wirkung: Apatit, Citrin, Moosachat, Tigerauge

Rosenquarz

LINDERT AKNE UND VERHILFT ZU SCHÖNER HAUT

Es hat seinen Grund, dass die meisten Menschen einen dieser sanften, taufrischen, zuckerwattefarbigen Kristalle besitzen oder zumindest davon gehört haben. Das liegt nicht daran, dass er so häufig vorkommt, sondern vielmehr daran, dass er auf seinem Gebiet absolut der Beste ist. Und dieses Gebiet ist die Liebe. Rosenquarz ist ein Herzensstein, der Akne lindert, indem er die emotionalen Wurzeln der Entzündung angeht. Bei jedem Schlummer öffnet dieser Kristall dein Herz und sorgt dafür, dass du in einen echten Schönheitsschlaf versinkst. Die Arbeit mit diesem Stein lässt dich aus jeder Pore Liebe verströmen. Und natürlich ziehst du diese Liebe dann auch an. Eine eher praxisorientierte Anwendungs-

möglichkeit ist es, mit dem Kristall sanft über die Haut zu streichen (mit einem Trommelstein, denn die rauen Kanten des Rohsteins würden die Haut nur reizen). Dann findet seine Energie ganz automatisch den Weg zu den eigentlichen Problemzonen. Sehr schön ist auch ein Kerzenleuchter aus Rosenquarz: Wenn sich das Kerzenlicht im Kristall spiegelt, fühlst du dich, als wärest du gerade geküsst worden, und siehst natürlich auch so aus.

Kristalle mit vergleichbarer Wirkung: Azurit, Rubin, Selenit

Karneol

FÜR JUGENDLICHEN SCHIMMER

Vitalität und Lebenskraft sind die Schlüsselthemen beim Anti-Aging. Die Wärme des tiefroten, orange- und rosafarbenen, ja mitunter sogar bräunlichen Karneols bringt dich in Einklang mit dem Alterungsprozess. Dann musst du nicht mehr dagegen ankämpfen. Der Karneol berührt dich, weil er die zarten und kostbaren Gewebe deines Körpers glättet. Außerdem verstärkt er die Aufnahme von Vitaminen und Mineralstoffen, wenn du sie einnimmst oder auf die Haut aufträgst. Ein wunderbarer Stein für die tägliche Schönheitspflege.

Kristalle mit vergleichbarer Wirkung: Aventurin, Jade, Peridot, Rosenquarz

Crazy-Lace-Achat

FÜR DAS LACHEN (GLÜCK MACHT GESUND!)

Die Energie des Lachens ist wunderschön und verleiht jedem Menschen eine ganz besondere Aura. Der Crazy-Lace-Achat mit seinen zahllosen Einsprengseln trägt den Titel: »Lachender Lebensstein«. Er ist der Champion der Freude und Zuversicht. Der Kristall verhilft uns zu mehr Optimismus, was unserem Leben und unserer Psyche gleich mehr Stabilität verleiht. Lass dich von ihm in sein wärmendes, positives Magnetfeld hüllen, denn Glücklichsein macht schön. Die Menschen werden sich dir reihenweise zuwenden, und zwar aus den richtigen Gründen. Wenn du dich stark, attraktiv und stolz fühlst, dann ist der Crazy-Lace-Achat das »Haarspray«, das dafür sorgt, dass der Look bestehen bleibt. Übertreibe es aber nicht mit der Anwendung, sonst bringt er dich vor lauter Überschäumen ins Trudeln.

Kristalle mit vergleichbarer Wirkung: Apatit, Aventurin, Citrin, Diamant

Apachenträne (Rauchobsidian)

FÜR DIE INTELLIGENZ DES KÖRPERS UND DER SCHÖNHEIT

Wenn du dir einen Tanzpartner fürs Leben wünschst, dann ist die Apachenträne der richtige Stein für dich – sie vermag es, selbst das unscheinbarste Mauerblümchen in einen Vulkan zu verwandeln. Die Apachenträne lockt jene angeborenen Fähigkeiten hervor, die du so selten aufblitzen lässt. Sie ermutigt dich, dein wahres Ich zu zeigen, mit seinen Stärken und seinem Mitgefühl. Nimm deinen Platz auf der Tanzfläche ein und lade andere scheue Menschen ein, sich dir anzuschließen! Wenn du einen guten Schuss Spontaneität brauchst, um endlich all die negativen Gedanken abzustreifen, die dich begrenzen, dann ist dieser Stein der richtige.

Kristalle mit vergleichbarer Wirkung: Labradorit, Mondstein, Rhodochrosit, Rosenquarz

Azurit

FÜR DIE ENTDECKUNG WAHRER SCHÖNHEIT

Um nach außen hin gut auszusehen, sollten wir erforschen, wie wir die Schönheit in uns erkennen. Hier können wir uns auf den Azurit verlassen. Er führt uns an eine klare Wahrnehmung von uns heran. Er bricht mit unserer Selbstkritik und schenkt einen neuen, positiven Blick auf uns. Glaubst du, dass deine Ohren zu groß, deine Brüste zu klein sind? Oder dein Hintern viel zu dick? Natürlich sagen Freunde das Gegenteil, aber das tun sie nur, weil sie müssen, oder? Falsch! Du hast eine riesige Mauer fehlerhafter Wahrnehmung um dich errichtet. Der Azurit wird dir helfen, deine Selbstwahrnehmung zu schärfen: Dann wirst du dich so sehen, wie du wirklich bist.

Kristalle mit vergleichbarer Wirkung: Labradorit, Lepidolith, Moosachat, Rosenquarz, Tigerauge

Sich in sich selbst zu verlieben ist keine geringe Leistung. Meist ist es ja so, dass wir, sobald wir eine Hürde zu mehr Selbstachtung überwunden haben, gleich vor der nächsten stehen. Um die Liebe in uns zu kultivieren, müssen wir uns klarmachen, was uns glücklich macht. Wir müssen in unserem Geist Fuß fassen, um uns mutig öffnen zu können. Wir müssen in uns selbst hineinwachsen und zulassen, dass dieser Prozess unser ganzes Leben erfasst. Zu sich zu stehen, sich zu respektieren und wertzuschätzen wie eine kostbare Perle hat nichts mit Selbstsucht zu tun, es macht uns vielmehr stark und stärker. Dann sind wir in der Lage, andere im selben Maße anzunehmen, wie wir uns selbst annehmen – und das ist nun mal wahre Liebe.

KRISTALLE FÜR SELBSTLIEBE UND SELBSTFÜRSORGE

Rosenquarz

FÜR BEDINGUNGSLOSE LIEBE

Wir können uns nicht auf Forschungsreise begeben, ohne mit der Königin der Herzen Händchen zu halten – dem Rosenquarz, unserem Lehrer in bedingungsloser Liebe. Liebe ist eine Energie, eine Schwingung, die wir meist zu weit weg von uns selbst suchen. Rosenquarz erinnert uns daran, dass die größte Liebe überhaupt ihre Wurzeln in uns hat. So wird dir der Rosenquarz auf deinem Weg zur Erkundung dieser Liebe, dieser reinsten aller Energien, ein getreuer Führer sein. Es ist ein Weg, der in deinem Herzen beginnt. Dieser Kristall wird die negativen Ecken und Kanten abschleifen, die dich kleinmachen und dich im Streben nach der Verwirklichung deines Potenzials zurückhalten. Nimm dir den Rosenquarz zu Herzen, arbeite mit ihm an deinen positiven Affirmationen und an der Formulierung deiner Intentionen. Nimm zu ihm Zuflucht, wenn du das Gefühl hast, dass niemand dich umarmen will. Er wird die Angst auflösen, dass du nicht liebenswert bist.

Kristalle mit vergleichbarer Wirkung: Golden-Healer-Quarz, Labradorit, Sonnenstein

Peridot

MACHT DIR DICH SELBST ZUM GESCHENK

Selbstliebe ist keineswegs eine Form von Hochmut, wie die Gesellschaft uns so gerne glauben machen möchte. Sie fußt auf einem gesunden Selbstwertgefühl und auf Selbstachtung. Sie sorgt dafür, dass unser Selbst im besten Licht erscheint, in all seiner Glorie und Größe. Wir machen den Wert, den wir unseren Eigenschaften beimessen, häufig von unserer Umgebung abhängig oder von Entscheidungen, die wir früher mal getroffen haben. Der Peridot ist klein, aber kraftvoll, wo es um die Heilung des Herzens geht. Wenn du mit ihm arbeitest, hilft er dir, die Negativität wegzuwaschen, die dein Herz vergiftet – die aus früheren Fehlern rührt oder aus grausamen Worten, die bewusst ausgesprochen wurden. Lass den Peridot dein Herz weit machen, sodass es aufblüht wie eine Lotusblüte, die sich aus dem Schlamm erhebt und sich dank liebevoller Vergebung freudvoll der Sonne zuwendet.

Kristalle mit vergleichbarer Wirkung: Hämatit, Mondstein, Tigerauge

Türkis

BEFREIT VON DÄMONEN

Wende dich an den Türkis, der in seinem typischen Blauton, mitunter auch in Grün daherkommt, wenn du spürst, wie die Saboteure dir auf den Fersen sind. Das können Ängste sein, die deinen Geist vernebeln, oder

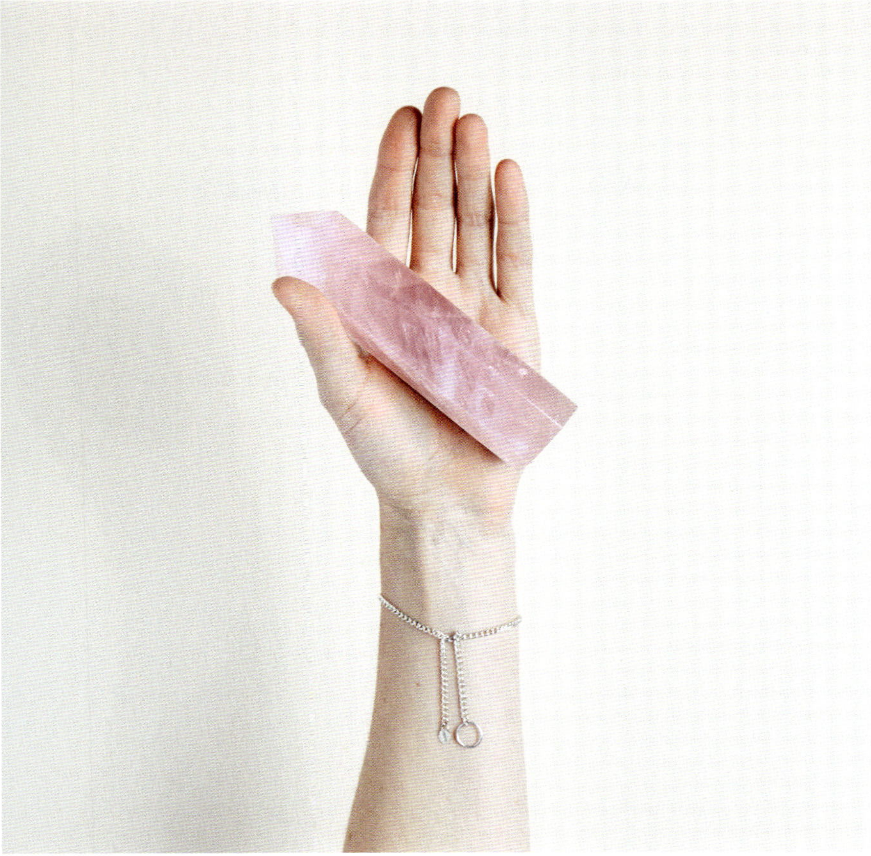

Menschen, die diese Ängste verkörpern. Wir alle haben schon mal zweifelhafte Komplimente bekommen oder scheinbar nette Worte gehört, in denen aber ein Giftpfeil steckte. Vielleicht haben wir uns auch selbst, bewusst oder unbewusst, schon so verhalten und damit uns selbst oder andere verletzt. Arbeite mit der Güte, die der Türkis ausstrahlt. Sie beseitigt sämtliche Sabotageakte mitsamt ihren Wurzeln, statt sie nur für kurze Zeit zu bremsen. Der Türkis fängt deine Stimmungsschwankungen auf und spricht dir Mut zu, wenn du auf andere zugehst, weil du geliebt werden willst.

Kristalle mit vergleichbarer Wirkung: Aragonit, Iolith, Onyx, Rosenquarz

Kunzit

UM DIE INNERE KRAFT AUSZURICHTEN, SIE ZU INSPIRIEREN UND NACH AUSSEN SICHTBAR WERDEN ZU LASSEN

Um Liebe zu erfahren oder zu entwickeln, müssen wir im Einklang mit dem stehen, was das Wort »Liebe« für uns bedeutet. Der Kunzit ist ein Freund, der dich ermuntert, der dich durch Verletzungen hindurch begleitet und dafür sorgt, dass du wieder Fuß fasst. Wie oft fühlen wir uns zurückgewiesen? Dann braucht es Zeit, bis wir wieder auf die Beine kommen und den Mut fassen, uns für eine neue Liebe zu öffnen oder wieder auf einen Freund zuzugehen, der uns unserer Ansicht nach Unrecht getan hat. Kunzit hilft dir, Herz und Zunge in Einklang zu bringen, damit du die Wahrheit sagen kannst, aber mit einer liebevollen und gewinnenden Autorität. Dann kannst du deinen Frieden machen und loslassen. Wenn du nach einer neuen Liebe suchst oder nach neuen Freunden, öffnet der Kunzit die Pforten zu deinem Herzen. Er inspiriert dich auf jeder Ebene zu tiefen, emotional erfüllenden Bindungen.

Kristalle mit vergleichbarer Wirkung: blauer Türkis, Lapislazuli, Rosenquarz

Turmalin

VERWÖHNT DIE SEELE

Manchmal sind wir so müde, dass wir die Erschöpfung in den Knochen fühlen. Wir können uns zu nichts aufraffen, die Müdigkeit hat sich auch in unserer Seele breitgemacht. Der Turmalin wirkt so, als würden wir nach einem langen Tag in die Badewanne steigen. Turmalin ist ein Herztransformer. Er kommt in vielen Farben vor – schwarz, braun, grün, rosa, karmesinrot, gelb oder blau – und sorgt dafür, dass wir uns entspannen. Wir waschen den Schmutz des Tages ab und reinigen dabei auch unsere Seele. Der Turmalin spült Schicht für Schicht weg, bis sich aus dem tristen Grau endlich leuchtende Farben schälen. Du solltest ihn aber nicht nur einsetzen, wenn du down bist. Mach ihn ruhig zu deinem wöchentlichen Helfershelfer, der das Licht in dir entzünden kann.

Kristalle mit vergleichbarer Wirkung: Amethyst, Aragonit, Saphir

Rhodonit

FÜR INNERE BALANCE

Wenn wir lieben, vollführen wir eine Art unvollkommenen Drahtseilakt aus Geben und Nehmen. Der rote oder rosafarbene Rhodonit hilft uns dabei, weil er eine gute Balance schafft zwischen Höhen und Tiefen. Er heilt den emotionalen Schock, wenn wir plötzlich abstürzen, und hilft uns, wieder nach oben zu klettern. Nimm den Rhodonit, wenn du dir selbst vergeben willst, weil du angeblich »falsche Entscheidungen« getroffen oder »Fehler« gemacht hast. Er wird dich daran erinnern, dass du, um die Höhen wirklich zu genießen, auch die Tiefen kennen musst. Er zeigt dir, wie du auf deinem Weg mit beidem umgehen kannst.

Kristalle mit vergleichbarer Wirkung: Pietersit, Rosenquarz, Selenit, Tigerauge

Prasiolith

AUCH DER SCHATTEN WILL GELIEBT WERDEN

Um uns selbst lieben zu können, müssen wir auch unsere Schattenseiten akzeptieren. Oft sagen wir Dinge wie: »Wenn ich nur diese eine Eigenschaft ablegen könnte …« Oder: »Ich wäre viel hübscher, wenn meine Nase kleiner wäre, wenn ich längere Beine hätte …« Es entspinnen sich Selbstgespräche wie: »Ich mach doch allen nur etwas vor. Ich bin so eine Blenderin. Was wird passieren, wenn die anderen merken, wie ich wirklich bin?« Der Prasiolith wird dich in seine grünen Arme nehmen und dir die Kraft geben, diese Blockaden abzuarbeiten, die letztlich doch nur das Ergebnis von negativem Denken und Selbstzweifeln sind. Liebe ist ursprünglich und real. Der Prasiolith wird dich inspirieren, dich selbst und deine wahren Talente wertzuschätzen.

Kristalle mit vergleichbarer Wirkung: Smaragd, Labradorit, Malachit[3], Mondstein

Sonnenstein

STRAHLE LIEBE AUS

Wenn du glücklich bist, Freude dir aus jeder Pore strömt, du den Glanz wahrer Liebe ausstrahlst, dann ist der warme Sonnenstein für dich der richtige Kristall. Er verstärkt nicht nur dein Strahlen, sondern stärkt auch deine Kraft. Du weißt, dass deine Selbstsabotage nun ein Ende gefunden hat. Du wirst sie durch Selbstachtung ersetzen. Der Sonnenstein hilft dir, die Täuschungen der Selbstzweifel zu überwinden, die Lügen, die du dir eintrichterst. Dann strahlst du so viel Lebensfreude aus, als hättest du ein Leben lang Ferien gehabt. Die Menschen werden dich auf dein neues Strahlen ansprechen!

Kristalle mit vergleichbarer Wirkung: Aventurin, Citrin, Golden-Healer-Quarz, Mondstein, Rosenquarz, Tigerauge

3 Malachit solltest du nur kurzfristig benutzen. Auf zwanzig Minuten Arbeit mit einem Malachit sollten zehn Minuten mit einem sanften Stein wie dem Rosenquarz folgen.

Wir sind Spiegel: Das, was wir glauben, reflektieren wir und strahlen es in die Welt aus. Zugleich sind wir Magnete: Wir ziehen das an, was wir glauben. Unsere Energie funktioniert wie die Greifer in den Automaten auf dem Jahrmarkt, mit denen wir meist vergeblich nach Plüschfiguren oder Süßigkeiten angeln. Manchmal stehen unsere Wünsche nicht vollkommen im Einklang mit unserem wahren Wesen, weil wir uns ihrer nicht würdig fühlen. Dann verkaufen wir uns unter unserem Wert, da wir ihn falsch einschätzen. Doch wenn wir unsere Kristallgang zu Hilfe rufen, bringen wir das wieder in Ordnung. Wir stellen eine Verbindung her zu dem, was wir wirklich brauchen, statt verzweifelt nach dem zu angeln, was wir zu brauchen glauben.

KRISTALLE, DIE DIR HELFEN, DEINE ZIELE ZU ERREICHEN

Mondstein

FÜR SCHUTZ UND BALANCE AUF DEM WEG INS UNBEKANNTE

Wenn wir neues Terrain erforschen, neue Gedanken denken oder neue Wünsche erkunden, bekommen wir oft Angst. Aber wenn du beschließt, dass du jetzt unbedingt einen neuen Mantel brauchst, dann gehst du los und kaufst ihn. Das hast du dir verdient. Du hast dafür schließlich ordentlich geschuftet. Warum kannst du dieses Gefühl nicht eine Stufe nach oben befördern und es auf die Dinge im Leben richten, die wirklich wichtig sind? Du willst ein neues Haus, ein tolles Auto, eine Beförderung? Der Mondstein ist der friedlichste aller Steine. Er hüllt dich ganz in seine schützende Energie ein, damit du vom Leben genau das bekommst, was du brauchst, und zwar dann, wann du es brauchst. Der Mond steuert Ebbe und Flut, also auch das, was du anziehst. Außerdem lindert der Mondstein die Angst, nicht genug zu haben oder zu sein. Darüber hinaus lässt er sich einsetzen, um in allen Beziehungen im Leben die richtige Balance zu finden – mit Partnern, Kollegen und Freunden, ja selbst mit Finanzberatern. Und natürlich mit uns selbst. Verwende den Mondstein, um Menschen in dein Leben zu ziehen, die dich unterstützen wollen. Spüre, wie seine Liebe dir Kraft gibt und dich bei diesen Unternehmungen führt.

Kristalle mit vergleichbarer Wirkung: Coelestin, Chrysopras, Labradorit, Selenit

Lapislazuli

WAS DU WIRKLICHKEIT WERDEN LÄSST

Was wir sagen, das werden wir auch. Wir nutzen unsere Worte, unseren Mund, um unsere Wünsche wahr werden zu lassen. Dies ist eine der machtvollsten Formen der Manifestation. Wenn wir sagen: »Ich habe Glück. Das ist mein spezieller Zauber!«, dann wird dies unweigerlich auf uns zutreffen. Das gilt aber auch für Worte wie: »Ich bin so eine Pfeife. Niemand mag mich.« Dann tragen wir diese Energie in unseren Alltag hinein. Der schöne Lapislazuli bringt Harmonie in unsere Gedanken. Stütz dich auf ihn, um die positivsten Aussagen über dich selbst zu treffen. Greif zu diesem Kristall, wenn du eine ehrliche, faire und wirklich konstruktive Kommunikation brauchst – ob mit einem anderen Wesen oder mit deinen himmlischen Helfern.

Kristalle mit vergleichbarer Wirkung: Anhydrit, Apatit, blauer Chalcedon

Iolith

FÜR EINEN NEUEN BLICK UND DIE FREIHEIT, EIN STARKES HIER UND JETZT ZU ERSCHAFFEN

Sehen ist Glauben. Wie wir das Leben »sehen«, die Menschen und die Situationen, die uns begegnen, verleiht unserem Dasein seine ganz spezifische Färbung. Wenn du jemanden magst, dann siehst du all seine guten Qualitäten. Wenn du dich mit jemandem streitest, dann ver-

zehnfachen sich plötzlich die negativen Eigenschaften, die du an dieser Person entdeckst. Es ist ein Geschenk, beide Seiten der Medaille sehen zu können, fähig zu sein, die eigene Wahrheit zu betrachten und die der anderen. Selbst wenn du mit der Wahrheit der anderen nicht übereinstimmst, ist es eine gute Idee, einen Schritt zurückzutreten und nachzudenken. Unsere Sicht auf das Leben ist ein starker Katalysator, um eben dieses Leben Wirklichkeit werden zu lassen. Der Iolith ist dabei eine unschätzbare Hilfe: Er klärt unsere spirituelle Sicht, sodass wir die Dinge so wahrnehmen, wie sie wirklich sind. Und er hilft uns, Frieden zu schließen – zu vergeben, zu vergessen und die entsprechenden Situationen in ein warmes Licht zu tauchen. Bei Manifestationsübungen befreit der Iolith den Geist von Sorgen. Er nimmt dir buchstäblich die Last von den Schultern, damit deine Fantasie sich frei entfalten kann, als wärest du ein Kind.

Kristalle mit vergleichbarer Wirkung: Amethyst, Aventurin, Howlith, Lapislazuli

Smaragd

STÄRKT DEINE FUNDAMENTE UND BEZIEHUNGEN

Wie der Artist beim Tellerdrehen jonglieren auch wir oft mit den unterschiedlichsten Objekten herum – mit Gedanken, Emotionen, Ereignissen und Sorgen. Meist fällt es uns schwer festzustellen, was als Erstes zu Boden fällt. Hier ist unser Standpunkt entscheidend. Und natürlich Geduld. Wir sollten Tag für Tag wachsen, nicht nur nach oben, sondern auch nach unten. Wir sollten fest in der Erde verwurzelt sein. Wenn dann wie aus dem Nichts der Sturm des Lebens losbricht, haben wir ein gutes Fundament und sind sicher. Der Smaragd ist unser Lehrer, der uns zeigt, wie wir ein solches Fundament bekommen. Dieser sanfte grüne Stein enthüllt die Pforte zur Glückseligkeit – auch in den stürmischen Momenten des Lebens. Und wir müssen sie geduldig erkunden. Der Smaragd schenkt Einigkeit und Stabilität in allen Beziehungen – mit dir selbst, mit einem Partner, mit deinen Eltern. Er arbeitet unermüdlich daran, deine Wurzeln zu stärken und dich zu verankern, damit du wirklich ein verlässlicher Partner sein kannst. Damit du deinen Glauben festigst, dass das Leben dir dauerhaft bedingungslose Liebe schenken wird.

Kristalle mit vergleichbarer Wirkung: Aventurin, Apachenträne, Moosachat, Tigerauge, Stromatit

Anhydrit

FÜR BESSERE BEZIEHUNGEN

Beziehungen zu haben heißt, dass wir ein Band zu anderen Menschen haben. In diesem verrückten und schönen Zeitalter der Technik ist es nur zu leicht, Beziehungen per E-Mail oder Telefon zu führen. Aber dann werden wir immer etwas vermissen. Hol dir den federleichten Hauch des Anhydrits, damit er dich daran erinnert, dass Beziehungen zu Menschen nicht über elektronische Kanäle laufen. Er löst die Blockaden in unserer Energie, steigert unser Gewahrsein und erlaubt uns, mit offenem Herzen durchs Leben zu gehen und anderen die Hand hinzustrecken – und all das in einer sehr gemütlichen Gangart.

Kristalle mit vergleichbarer Wirkung: Amethyst, Coelestin, Lapislazuli, Labradorit

Spessartin

NIMM DIR, WAS DU BRAUCHST

Um empfangen zu können, müssen wir die Schuldgefühle ablegen, die heutzutage mit dem Wünschen verknüpft sind. Auch müssen wir sie mit unserem Wunsch, etwas zu geben, in Einklang bringen. Wie oft hast du dir schon gesagt: »Hätte ich doch nur darum gebeten!« Wie viele gute Gelegenheiten hast du schon verstreichen lassen, nur weil du im entscheidenden Moment den Mund nicht aufgemacht hast? Der Spessartin wird dir helfen, hier ins Gleichgewicht zu kommen. Er schenkt dir den Mut, um die Dinge zu bitten, die du dir wünschst, und sie dann auch ohne Schuldgefühle anzunehmen. Er ebnet dir den Weg ins rationale Denken, damit du dich angstfrei auszudrücken lernst. Und er wird deine Bereitschaft vergrößern, anderen zu helfen. Der Spessartin begleitet dich durch finstere Zeiten, er erhellt deinen Weg. Du weißt, was du willst, hast aber Angst, darum zu bitten? Damit ist jetzt definitiv Schluss!

Kristalle mit vergleichbarer Wirkung: Aventurin, Moldavit, Opal, Pyrit

Wie wir in den Tag gehen, ist das A und O. Wenn die Sonne sich erhebt, ziehen wir den Vorhang auf und kehren zurück ins Spiel des Lebens. Wie aufregend: Wir erleben einen Tag, der so noch von niemandem erlebt wurde. Es ist ein Abenteuer, und wir vergessen so oft, dafür dankbar zu sein. Dabei gibt es da durchaus gute Nachrichten: Wie dein Tag beginnt, liegt ganz an dir. Du bist nämlich der Regisseur im Spiel deines Lebens und auch der Hauptdarsteller, der Masken- und der Kostümbildner. Mit wem du spielst, liegt zwar nicht in deiner Macht, aber wenn du deine Stimmung klug wählst, dann werden das Leben und deine Mitspieler dir voller Freude zurückgeben, was du ausstrahlst. Und wenn nicht? Dann schnapp dir deinen Kristall, rufe »Szenenwechsel!« und geh weiter.

KRISTALLE, DAMIT DER TAG GUT ANFÄNGT

Amazonit

WIE DU DEIN LEBEN ZUM SPIELPLATZ MACHST

Der Amazonit gehört zu meinen absoluten Lieblingskristallen, mit dem ich nur zu gerne erwache. Der Amazonit schenkt uns nämlich das Gefühl, dass die Welt unser Spielplatz ist. Er erinnert uns daran, was es heißt, »ganz« zu sein, und dass wir mit so viel mehr verbunden sind als nur mit uns selbst und unseren eigenen Befindlichkeiten. Wende dich diesem wunderschönen grünen Stein mit dem weißen Spitzenmuster zu, bevor du das Haus verlässt, und tauche noch einmal ein in deine eigene Ganzheitlichkeit. Mit ihm löschst du das Gefühl aus, dass dir irgendetwas fehlt. Und schon bist du offen für Spaß und Spiel. Unser Körper mag erwachsen werden, doch es bleibt immer noch Zeit, mit unserem inneren Kind zu spielen und in den Tag hineinzutanzen.

Kristalle mit vergleichbarer Wirkung: Aventurin, roter Calcit, Rosenquarz, Tigerauge

Roter Calcit

FÜR EINEN ECHTEN KOFFEINKICK

Natürlich würden wir alle am liebsten jeden Morgen frisch und munter aus dem Bett hüpfen, aber manchmal brauchen wir auch einen Extrakick, um in die Gänge zu kommen. Aus diesem Grund trinken wir doch unseren Morgenkaffee, begleitet von irgendwas Zuckrigem, nicht wahr? Wie viele Leute glauben, sie kämen ohne dieses kleine Laster nicht in die Puschen? Ich bin die Erste, die hier die Hand hebt. Aber warum nicht mal einen »unschuldigen« Kick ausprobieren? Der rote Calcit schenkt dir die nötige Hallo-wach-Energie. Er lädt uns im Bauchraum auf und verursacht ein Kribbeln, das uns hinausträgt in die Welt, um das Leben beim Schopf zu packen. Er ist wirklich ein starker Kristall, wenn es uns an Vitalität und Lust aufs Leben fehlt. Ein echtes Maskottchen also!

Kristalle mit vergleichbarer Wirkung: Citrin, Diamant, Sonnenstein

Coelestin

FÜR DEN AUFRECHTEN, UNBESCHWERTEN GANG

Wir verbringen so viel Zeit damit, mit hängenden Schultern durch den Tag zu schlurfen, unsere Nase schleift fast am Boden. Unser Kopf ist schon im Büro, lange bevor wir selbst dort eintreffen. Wir legen so viel Wert darauf, den Weg zur Arbeit möglichst unauffällig, unbehelligt und unbeschadet hinter uns zu bringen – warum eigentlich? Sollte das Leben nicht anders aussehen? Sollten wir uns nicht aufrichten und sagen: »Hier bin ich!«? Wenn du dein Glücksgefühl auf den ganzen Tag ausdehnen und dich auch auf dem Weg zur Arbeit ganz wie du selbst fühlen möchtest, dann greif zum Coelestin und trag ihn möglichst auf der Haut. Der Coelestin lenkt und stärkt deine Intuition. Er zeigt dir, wie du mit offenem Herzen und offenen Sinnen durch die Welt gehen kannst. Wenn du

dann merkst, wie das Leben dich in die richtige Richtung lenkt, spürst du, wie magisch selbst der Alltag sein kann. Spiel mit dem Kristall. Er wird dich friedvoll durch den Tag führen.

Kristalle mit vergleichbarer Wirkung: Aventurin, Opal, Rauchquarz

Aquamarin

SCHÜTTLE ALLES VON DIR AB

Manchmal haben wir einfach einen schlechten Tag und kommen nicht aus unserem Grau in Grau heraus. Dann wieder sind es andere, die einen schlechten Tag haben und uns in ihre graue Welt hineinziehen. Seien wir ehrlich: Es dauert seine Zeit, so etwas wieder abzuschütteln. Warum sollten wir daher nicht versuchen, diesen Prozess zu beschleunigen, indem wir den Aquamarin einladen, seinen energetischen Tanz um uns herum zu beginnen? Er schirmt dich ab, er schenkt dir den Mut, den du verloren zu haben glaubst. Er erlaubt dir, Harmonie auszustrahlen, wenn um dich herum die Uneinigkeit hohe Wellen schlägt. Lass dir von ihm helfen, anderen mitfühlend und einfühlsam zu begegnen, denn das Leben hat es vielleicht nicht gut mit ihnen gemeint. Der Aquamarin ist ein schöner Kristall, um die eigene Empfindsamkeit zur Stärke zu machen.

Kristalle mit vergleichbarer Wirkung: Bernstein, Aragonit, Heliotrop, Hämatit

Diamant

UM DIE GUTEN SCHWINGUNGEN FESTZUHALTEN

Manchmal wachst du auf und spürst, dass deine Schwingung heute genau richtig ist. Jeder Song im Radio ist dein absolutes Lieblingslied. Du bist in Hochstimmung, und in der würdest du natürlich gerne bleiben. Greif zum Diamanten – er fixiert sie wie Haarspray deine Frisur! Sein Schliff reinigt deine Energie. Nutz ihn, wenn du dich stark und entspannt fühlst oder freudig erregt mit diesem gewissen Prickeln – und diese Stimmung bewahren möchtest. Der Diamant ist wirklich dein bester Freund, und das liegt nicht nur am Funkeln. (Auf einem Diamanten zu schlafen würde ich dir allerdings nicht raten. Wenn man ihm zu lange ausgesetzt ist, führt sein hohes Schwingungsniveau zu Schlaf- und Ruhelosigkeit.)

Kristalle mit vergleichbarer Wirkung: Anhydrit, Türkis

Bernstein

KLOPF DIR DEN STAUB AB

Lassen wir das Gestern doch, wo es hingehört – in der Vergangenheit. Wenden wir uns lieber dem heutigen Tag zu. Vielleicht bist du noch ein wenig angeschlagen vom Vortag. Am liebsten würdest du dich schütteln, um den Staub loszuwerden. Möglicherweise brauchst du Schutz, wenn du in diesen Tag startest, an dem dich ungelöste Probleme erwarten. Ein Streit, der nicht geklärt werden konnte; Arbeit, die du nicht wie geplant erledigen konntest. Aber du bist fest entschlossen, dich davon nicht zurückhalten zu lassen. Dann greif zum Bernstein. Er zieht dir diesen grauen Sack vom Kopf und ruft Lady Luck herbei, die verscheucht, was deinen Blick trübt – mit der Herzensmagie des Glücks. Der Bernstein ist wie der Lichtstrahl eines Leuchtturms. Er bringt das Glück, das wir im Moment nicht erkennen können, ins Leben zurück.

Kristalle mit vergleichbarer Wirkung: Amethyst, Aquamarin, schwarzer Turmalin

Opal

DAMIT DEINE KRONE FESTER SITZT

Der Opal ist der König der Inspiration, vor allem, wenn es um Veränderungen in dir selbst geht, aber natürlich auch bei Veränderungen im Leben. Lass ihn wirken, damit er dich mit Hoffnung und innerem Frieden füllt. Außerdem stärkt er dein Gedächtnis und kitzelt deine Fantasie heraus. Der Opal ist wunderbar, um an einem nebeltrüben Tag durch die Wolken zu schneiden und den klaren Himmel zu erblicken, um im eigenen Licht zu baden. Er lässt dich durch den Tag gleiten und erinnert dich daran, das Kinn oben zu halten: Nicht, dass deine Krone ins Rutschen kommt!

Kristalle mit vergleichbarer Wirkung: Amethyst, blauer Chalcedon, Coelestin

Den Tag gut zu beenden steht auf unserer Prioritätenliste meist nicht ganz oben. Wir hüpfen ins Bett und graben unseren Kopf ins Kissen, um den Tag ein für alle Mal aus unserem Gedächtnis zu löschen. Wie oft hast du schon gesagt: »Oh Gott, wenn dieser Tag doch endlich vorüber wäre!«? Aber es ist wichtig, am Abend einen Gang herunterzuschalten und energetisch Dampf abzulassen. Nutzen wir das Ende des Tages doch, um uns all die Segnungen, die wir erfahren haben, bewusst zu machen und in Gedanken dabei zu verweilen. Es ist lebenswichtig, dass wir nach einem stressigen, hektischen und irren Tag wieder zur Ruhe finden. Deine Kristalle sind sozusagen dein Teddybär, in dessen Bäuchlein du abends dein Gesicht kuschelst und dich ganz der Nacht überlässt.

KRISTALLE, DAMIT DER TAG GUT AUFHÖRT

Amethyst

LÄDT DICH ÜBER NACHT AUF

Der Amethyst gehört sozusagen zu den »Grundnahrungsmitteln« unter den Kristallen. Er schenkt uns Ruhe und geleitet uns in einen tiefen, traumreichen Schlaf. Die bereichernde Energie des Kristalls ermöglicht uns, sachte den Schleier anzuheben, der die materielle Welt von der Welt der Träume trennt. Er kanalisiert unsere Emotionen und führt sie über die Brücke zu den jenseitigen Himmeln, wo unser Geist wahre Ruhe findet. Ich empfehle dir, vor dem Schlafengehen eine Stunde lang einen Amethyst in der Hand zu halten, während dein Geist sich vom Alltag verabschiedet und immer tiefer eintaucht in die Welt der Seele. Du hörst auf, dir ständig vorzusagen, was du hättest anders machen sollen, welche Gespräche du besser geführt oder nicht geführt hättest. Stattdessen fängst du an, alles Gute in deinem Leben zu erkennen, und gleitest tief hinab in den Schlaf.

Kristalle mit vergleichbarer Wirkung: Aragonit, Howlith, Mondstein, Selenit

Howlith

LÄSST DEN GEIST STILL WERDEN

Der Howlith hilft uns, nachts unseren Geist ruhig werden zu lassen. Er saugt emotionale Turbulenzen ganz einfach auf wie ein Schwamm. Der sanfte Howlith ist weiß mit dunkler Äderung und wiegt dich selbst nach Horrortagen sanft in den Schlaf. In meditativer Versenkung angewandt, stärkt er dein Gedächtnis. Bitte den Howlith, deine geistige Schwingung auf Frieden zu polen, auf die tiefe Stille eines ruhigen Herzens und eines befriedeten Geistes.

Kristalle mit vergleichbarer Wirkung: Apatit, Bergkristall, Amethyst

Aragonit

FÜR EINEN HEILSAMEN SCHLAF

Manchmal sind wir am Ende des Tages vollkommen von der Rolle, ob nun aus guten oder weniger guten Gründen. Der Aragonit ist der Stein der Erde. Er heilt uns, indem er uns erdet. Arbeite mit dem Aragonit, um dich in deiner Haut und in deiner Umgebung wohlzufühlen. Lass dich von ihm zentrieren, wenn du das Gefühl hast, deine Mitte verloren zu haben. So gelingt es dir, die Anspannung des Tages auf warme, sanfte Weise aufzulösen.

Kristalle mit vergleichbarer Wirkung: Amethyst, Labradorit, Orangencalcit, Golden-Healer-Quarz

Selenit

ZUR SELBSTREFLEXION

Am Abend ist es wichtig, den Tag noch einmal Revue passieren zu lassen und eventuelle Fortschritte zu verzeichnen. Der Selenit hilft dir, deinen Tag zu beenden: Er stabilisiert dich und holt den Frieden aus den Tiefen deines Seins. Selenit ist ein vertrauenswürdiger Freund, wenn du innere Verwirrung klären oder eine schwierige Situation bereinigen willst.

Kristalle mit vergleichbarer Wirkung: Amethyst, Labradorit, Türkis

Saphir

FÜR EIN SCHÖNERES MORGEN

Um wie die Nachteule tief in deine ureigene Weisheit einzutauchen, brauchst du einen Saphir. Er befreit dich von mentalen Spannungen, beruhigt deinen Geist, zentriert deine Seele und bringt dich in diesen wunderbaren Zustand, in dem du das, was du brauchst, magnetisch anziehst. Überlass dich dem Saphir und erlaub deinen Träumen, das Leben zu erschaffen, das du auf deinem geistigen Moodboard zeichnest.

Kristalle mit vergleichbarer Wirkung: Diamant, Howlith, Mondstein, Sonnenstein

Apatit

FÜR EINE GEISTIGE MASSAGE

Wenn wir morgens voller Energie aus dem Bett hüpfen wollen, müssen wir nachts in die Balance kommen. Der Apatit bewerkstelligt dies auf geistiger und auf körperlicher Ebene. Ruf den Apatit, wenn du einen turbulenten Tag hattest. Vielleicht warst du am Abend im Fitnessstudio und sprühst noch vor Energie. Oder du hast zu viel Kaffee getrunken und die Nacht mit Freunden verbracht. Dann musst du zurückfinden ins Gleichgewicht, ohne die positiven Schwingungen zu verlieren, die du aufgebaut hast.

Kristalle mit vergleichbarer Wirkung: Amethyst, schwarzer Turmalin, Howlith, Jade

Golden-Healer-Quarz

ÖFFNET DEIN HERZ

Der Golden-Healer ist ein Superstar unter den Heilsteinen. Er heilt auf allen Ebenen – körperlich, emotional, metaphysisch. Was immer du dir von ihm wünschst, er schenkt es dir. In welcher Zwickmühle du stecken magst, welche Emotion, welches Problem einer Lösung bedarf, er beschert dir, was du brauchst, und versetzt dich dabei in einen himmlischen, liebevollen Zustand, in dem sich dein Herz öffnet.

Kristalle mit vergleichbarer Wirkung: Amethyst, Aventurin, Bergkristall, Moosachat, Peridot

Baryt

FÜR GROSSE TRÄUME

Der Baryt ist ein Seelenstein. Beende deinen Tag mit einem guten Gefühl, indem du diesen Kristall um seine tief beruhigende Wirkung bittest. Wenn ich mir einen fantastischen Schlaf wünsche, ist der Baryt mein Stein. An Tagen, an denen du morgens aufwachst und genau weißt, dass du einen wichtigen Traum hattest, dich aber um nichts in der Welt daran erinnern kannst, solltest du zum Baryt greifen. Er hilft dir dabei, dir deinen Traum ins Gedächtnis zu rufen, damit du seine Botschaft für den Alltag nutzbar machen kannst.

Kristalle mit vergleichbarer Wirkung: Amethyst, Howlith, Labradorit

Es gibt verschiedene Möglichkeiten, wie du zu deinen Steinen kommst. Am wichtigsten ist zweifellos, dass du vorher Gelegenheit hast, sie auszuprobieren. Ich persönlich kaufe daher gerne im Laden, wo ich die Steine anfassen und anschauen kann. Allerdings haben gerade Online-Händler mitunter wunderbare Kristalle im Angebot. Wir müssen einfach nur unsere Sensibilität schulen, um eine gute Wahl treffen zu können.
Das wird nur dann schwierig, wenn dein Ego mitmischt. Der entscheidende Punkt ist ja deine *Intuition*, deine Energie, der Ruf des Steines, den du vernimmst. Manchmal hast du den Kristall deiner Wahl schon vor Augen oder du weißt, woran du mit ihm arbeiten möchtest. Dann triff einfach danach deine Entscheidung.

KRISTALLE KAUFEN

Gehen wir shoppen!

Öffne Herz und Geist. Mach dir bewusst, welche Intention du verfolgst. Bitte darum, dass dir das Richtige gezeigt werden möge. Nimm dir Zeit, im Laden herumzustöbern. Vergiss nicht: Du triffst die Wahl, und das Aussuchen sollte Spaß machen. Meist liegen die Trommelsteine alle zusammen in einer Schale, während größere und wertvollere Kristalle hinter Glastüren verschlossen sind. Entscheide dich nicht einfach für das, was augenfällig präsentiert wird oder direkt vor deiner Nase liegt. Schieb die Steine herum, um zu merken, was dein Auge anspricht. Such ein paar aus, nimm sie in die Hand und spür ihnen nach. Schließ die Augen … Wenn du dich jetzt nicht wohlfühlst, dann blicke auf, weg von deiner Hand, und konzentrier dich auf deine Atmung. Ruf dir deine Intention noch einmal ins Gedächtnis und frag: »Welches Stück ist für mich jetzt das richtige?« Der Kristall meldet sich dann bei dir. Vielleicht spürst du ein leichtes Prickeln. Möglicherweise fühlt er sich schön kühl oder besonders warm an. Wie auch immer der Kristall dich anspricht, du wirst es spüren. Das ist dann *dein* Kristall. Das ist deine Verbindung.

Wenn du für einen Freund oder einen lieben Menschen etwas aussuchst, solltest du die Intention ändern: »Was braucht Claudia jetzt?« Oder: »Was ist das perfekte Geschenk für Mama oder Maria?« Oder: »Was ruft nach Andy?« Spiel verschiedene Möglichkeiten durch. Sieh dich im Laden um, aber diesmal mit der klaren Absicht, etwas für jemand anderen auszusuchen. Halte den Gedanken an diese Person in deinem Geist.

Bei Online-Anbietern funktioniert das ganz genauso. Wir müssen hier nur besonders auf unsere Gefühle, unsere Intuition achten. Betrachte es einfach als Herausforderung, die Spaß macht. Vom Online-Dating und von den sozialen Medien wissen wir, dass nicht alles Gold ist, was glänzt: Der Stein, den du auf dem Bildschirm siehst, ist nicht der Stein, der dann in deinem Briefkasten landet. Also schau dich im Online-Laden um und sage dir: »Ich wünsche mir, dass ich den perfekten Stein für mich geliefert bekomme.« Vertrauen ist hier das Allerwichtigste: Vertrau auf deine Intuition, lass sie sprechen und schalte Selbstzweifel ab.

In welchem Laden auch immer du deine Auswahl triffst, du solltest vorher die Bewertungen und Einschätzungen von anderen Kunden studieren. Stell Fragen, wenn das geht. Woher stammen die Kristalle? Du willst schließlich Steine aus fairer Produktion und fairem Handel. Wenn der Händler dir dazu keine Auskunft geben kann, dann lass besser die Finger davon.

FAIRE BEZAHLUNG

Für die kleineren Trommelsteine solltest du nicht mehr als drei bis fünf Euro bezahlen. Größere Handschmeichler bekommst du ab fünf Euro aufwärts.

Der Preis bemisst sich meist nach der Seltenheit des Kristalls, aber auch nach seiner Reinheit. Bei größeren Stücken richtet sich der Preis meist nach dem Gewicht. Wenn du nicht nachvollziehen kannst, warum der Händler diesen Preis verlangt, dann frag nach. Manche Läden haben eine kolossale Handelsspanne. Wenn du den Preis für übertrieben hältst, sag das ruhig.

LÄDEN

Mittlerweile gibt es in fast jeder Stadt faszinierende Läden für Heilsteine und Mineralien. Häufig findet man Kristalle auch in Buchläden, die spirituelle Literatur anbieten. Achte von Anfang an darauf, wie der Laden sich für dich anfühlt. Strahlt er eine Schwingung aus, die dir zusagt? Wenn nicht: Lass die Finger davon. Vertraue deiner Intuition, aber gib den verschiedenen Anbietern ruhig eine Chance. Es kann dauern, bis du den Händler deines Vertrauens gefunden hast.

Und dann gibt es natürlich noch großartige Läden, in denen du dir aus *deinen* Steinen Schmuck machen lassen kannst. Auch hier solltest du darauf achten, welche Atmosphäre der Laden ausstrahlt. Wirklich gute Gold- und Silberschmiede zeigen meist ein ganz erstaunliches Gespür für die Natur und die Wirkung von Edelsteinen.

ONLINE-SHOPS

Manche Online-Anbieter liebe ich einfach, weil sie häufig ganz wunderbare Kristalle im Angebot haben. Aber auch Amazon und Etsy sind hier nicht schlecht, wobei die meisten Anbieter diese Online-Händler nur als Plattform benutzen.

Die Heilsteinefreunde haben im Internet schon eine richtige Community. Einige Adressen findest du am Ende des Buches.

Wichtig bei den Online-Angeboten ist, dass du dich auf dieselbe Weise verhältst, wie du das in einem Laden machen würdest. Lass die Steine zu dir sprechen. Achte auf dein Bauchgefühl, ganz egal, wie schön der Stein im Internet dargestellt ist. Fühlt er sich für dich richtig an? (Und das gilt nicht nur für die kostbarsten Diamanten!)

Dann gehst du genauso vor, als würdest du einen neuen Friseur oder Tattooladen auswählen: Frag dich, ob dies für dich der richtige Ort ist. Sieh dir die Webseite gut an, stell dem Anbieter Fragen. Lies die Bewertungen anderer Käufer. Ganz wichtig: Kannst du den Kristall nötigenfalls zurückgeben? Und wie wird die Bezahlung gehandhabt?

Nimm den Anbieter gründlich unter die Lupe und wähle dann deine Kristalle mit all deinen Sinnen aus. Vertrau darauf, dass du schon das Richtige finden wirst.

Formen der Kristalle

Wir wissen, dass Kristalle zu unendlich vielen Zwecken eingesetzt werden können. Dabei spielt es auch eine Rolle, welche Form der verwendete Stein hat. Jede Bearbeitung beeinflusst die Wirkung des Steines. Er sieht danach nicht nur anders aus, sondern schickt seine Energie auf andere Weise in die Welt.

STEINE MIT SPITZE

Kristallspitzen entstehen entweder auf natürliche Weise, oder sie werden aus dem Stein herausgeschliffen. In natürlicher Form wirken sie meiner Ansicht nach am stärksten, wenn sie noch in ihrem Kristallbett verankert sind. Diese Steine sind am besten für die Meditation, leisten aber auch Großes bei der Linderung von Beschwerden oder negativen Emotionen. Wie du das anstellst? Nun, du setzt die Spitze an der Stelle auf deinen Körper, an der du Energie benötigst. Umgekehrt richtest du die Spitze nach außen, wenn du Energie ableiten willst. Ganz einfach.

KRISTALLGRUPPEN

Kristallgruppen besitzen meist mehrere Spitzen, das sieht ein bisschen aus wie der Rücken eines Igels. Die Spitzen können einzeln eingesetzt werden oder alle gemeinsam. Kristallgruppen vervielfältigen die Wirkung des einzelnen Steines wie Lautsprecher. Sie verteilen die Energie großflächiger. Für die Reinigung von Räumen eignen sich große Kristallgruppen am besten.

KUGELN

Kristallkugeln wurden traditionell von Sehern eingesetzt, um die Zukunft zu deuten. Medial begabte Menschen nutzen heute noch am liebsten Kristalle in Kugelform. Lass dich aber von diesem Klischee nicht abhalten, selbst herauszufinden, wie die Kugelform *deinen* Kristall verändert. Sie fördert nämlich nicht nur übersinnliche Begabung, sondern verteilt auch die Kristallwirkung auf höchst ausgeglichene Weise.

PYRAMIDENFORM

Kristalle in Pyramidenform erneuern deine Energie. Damit gelingt es dir mühelos, die starke Energie der Kristallwurzel in die kleine Spitze zu lenken, mit der du die Energie dann zu dir hin- oder von dir wegleiten kannst.

EIFORM

Kristalle in Eiform sind unglaublich beruhigend. Die Natur hat sie uns geschenkt, damit wir Stress bekämpfen können. Werden sie in der Handfläche hin und her bewegt, lösen Kristalleier Spannungen auf und sorgen für Konzentration. Nimm deinen Lieblingskristall in Eiform und massiere die Chakras (siehe Seite 171f.). So lassen sich Ängste und andere emotionale Blockaden lösen, und der Weg ins Glück steht dir wieder offen.

ZAUBERSTÄBE

Zauberstäbe kennst du vermutlich aus Filmen. Da sieht man immer ganz genau, mit welcher Handbewegung der Zauberer seine Intention in die Welt schickt, um sie Wirklichkeit werden zu lassen. Genauso funktioniert das mit Zauberstäben aus Kristall. Der Kristallstab fasst die Energie aus seinem Inneren, deinem Geist und dem ganzen Universum zusammen und strahlt sie von der Spitze aus in die Welt, sodass sie immer mehr verstärkt wird. Abrakadabra!

GEODEN

Geoden sind nicht nur schön anzusehen, sie sind Meister darin, die Energie des Kristalls zu verstärken. Sie neutralisieren und gleichen aus – wunderbar für die Klärung der Energie von Räumen.

Qualität der Kristalle

Ist ein Kristall entzweigegangen, heißt das noch nicht, dass er reif für den Müll ist. Wie beim Menschen liegt auch hier die Perfektion manchmal in der Unvollkommenheit. Einige meiner besten Stücke sehen heute ganz anders aus als vor Jahren, als sie zu mir kamen. Wir sollten nie nur nach dem äußeren Anschein gehen, das gilt auch für Kristalle. Gerade die verschiedenen Macken, die so ein Stein haben kann, machen doch seine Aura aus: Ist etwas abgesplittert, dann hat der Stein eine andere Schwingung, und seine Qualitäten kommen auf andere Weise bei dir an. Daher möchte ich dir unbedingt Folgendes mit auf den Weg geben: Wenn du einen Kristall fallen lässt und er in mehrere Teile zersplittert, dann hast du nicht den schlimmsten Fehler deines Lebens gemacht. Du hast einfach nur neue Oberflächen geschaffen, die Liebe und Energie widerspiegeln können, hast also deine Plattform für die Steinarbeit erweitert. Ein zerbrochener Kristall ist nicht mit einem zerbrochenen Spiegel gleichzusetzen – lass dich von den Unebenheiten, den Bruchstellen inspirieren.

Kristalle müssen saubergehalten werden, genauso wie wir selbst. Wenn wir unsere Kleider eine Zeit lang getragen haben, waschen wir sie, um ihnen neue Frische zu verleihen. Wir waschen unsere Haare, damit sie sauber und glänzend bleiben. Und wir waschen uns selbst, um den Schmutz des Tages wegzuspülen, oder spritzen uns Wasser ins Gesicht, um uns am Morgen zu erfrischen. Daher sollten wir auch für unsere Steine ein Reinigungsritual finden. Diese wunderbaren Heiler lassen sich nämlich aufladen wie der Akku im Handy oder im Tablet.

Wenn du deine Schönheiten dazu nutzt, deine eigene Energie zu harmonisieren, nehmen sie negative Energien niedriger Schwingungsfrequenz auf. Daher brauchen auch unsere Kristalle ein gelegentliches Reset, damit sie ihre Energie wieder sanft und liebevoll abgeben können.

KRISTALLE REINIGEN UND AUFLADEN

So kannst du deine Steine reinigen und aufladen

MIT WASSER

Kaltes oder kühles Wasser ist für Kristalle genauso erfrischend wie für unsere Haut. Stell dir vor, du stehst unter einem Wasserfall. Das ist einfach nur belebend! Also dreh den Wasserhahn auf und halte den Stein unter den kräftigen Strahl. Du kannst ihn auch im vollen Waschbecken auf den Boden sinken lassen oder in einem Wasserbad in einer Glasschüssel reinigen, so als würde er ein Bad nehmen.

Seife und Waschmittel sind allerdings verboten. Für manche Steine kannst du ein wenig Himalajasalz ins Wasser rühren, bei anderen, dem Opal und dem Bernstein zum Beispiel, ist das ein absolutes No-Go. Lass deine Kristalle nach dem Bad auf einem Stück Stoff aus Naturfasern am Tageslicht oder im Mondlicht trocknen. Mondlicht ist gut für Steine, die du im Haus hast und die immer wieder, äußerlich und innerlich, Staub ansetzen.

Manche Kristalle wie zum Beispiel der Selenit dürfen nicht in Wasser gelegt werden, weil sie sich sonst auflösen.

DAS SONNENBAD

Sonnenlicht hält die Welt am Laufen. Es nährt unser Dasein – und das gilt auch für Kristalle. Sonnenlicht durchdringt selbst die härtesten Materialien und wärmt sie auf. Ich schlage also vor, dass du deine Kristalle im Wasser reinigst und sie dann nach draußen bringst, nicht nur damit sie trocknen, sondern damit sie von den Strahlen der Sonne aufgeladen werden. Wenn du keinen Balkon oder Garten hast, dann leg die Steine auf der Fensterbank in die Sonne. Das funktioniert genauso gut. Achte darauf, wie die Kristalle funkeln, wenn die Sonne sie geküsst hat.

DAS MONDBAD

Ich persönlich reinige meine Kristalle am liebsten im strahlenden Licht des Vollmonds. Es ist pure Magie, wie Mama Mond die schädlichen Energien aus dem Stein zieht und damit auch aus dir selbst. Außerdem gibt sie uns einen schönen Rhythmus vor, weil sie ja ihre volle Rundheit nur alle achtundzwanzig Tage erreicht. Selbst wenn du die Mondscheibe nicht sehen kannst, weil der Himmel voller Wolken ist, so kannst du sie doch spüren. Der Mond hat eine ganz besondere Verbindung zu den Kristallen – und zur Natur als Ganzes. Reinige deine Steine unter Wasser und leg sie dann auf die Fensterbank, damit sie ein Mondbad nehmen können.

IN EINER KERZENFLAMME AUFLADEN

Wenn du deine Steine in der Flamme einer Kerze auflädst, musst du natürlich Vorsicht walten lassen, wie immer, wenn du mit offenem Feuer zu tun hast. Diese Variante ist meine Art, Kristalle schnell aufzuladen, ein bisschen so, als würde ich mein Handy an den Strom hängen. Wenn ich einen »giftigen« Tag hatte oder unerwünschten und unerwarteten negativen Energien ausgesetzt war, führe ich meinen Kristall ein paar Mal durch die Spitze einer Kerzenflamme. Du musst den Stein nicht lange und nicht tief in die Flamme halten. Es reicht, wenn du ihn ein- oder zweimal durchziehst und dann auf eine natürliche Oberfläche legst, auf Sand, Erde, Himalajasalz oder Tücher aus Naturfaser. So wird der Kristall nach der Flammenbehandlung geerdet und kann sich neu aufladen. Auch hier gilt: Bei Opalen und Bernsteinen ist so eine Behandlung verboten. Die Steine verlieren sonst ihren Glanz.

AUSRÄUCHERN

Räucherwerk ist etwas Wunderbares. Für Reinigungszwecke würde ich indianischen Räuchersalbei *(White Sage* oder *Salvia apiana)* benutzen. Zünde das Räucherbündel oder Räucherstäbchen an, wie auf der Packung beschrieben. Dann führe es über deine Kristallsammlung. Der Rauch saugt die ganze negative Energie ein und lässt sie verschwinden.

ENERGIEHEILUNG

Energieheilung ist eine großartige Sache. Diese Form der Heilung richtet den Geist neu aus, damit der Körper sich selbst besser heilen kann. Wenn du dich für Techniken wie Reiki interessierst, kannst du deine Kristalle zu den Sitzungen mitnehmen. Dann laden sie sich gleichzeitig mit dir auf.

WANN EINE REINIGUNG ANGESAGT IST

Neben der üblichen regelmäßigen Reinigung gibt es noch weitere Gelegenheiten, zu denen deine Kristalle ein Reset brauchen.

Wenn du einen neuen Kristall gekauft hast und er zu dir nach Hause kommt, ist er durch viele Hände gegangen, die alle ihren energetischen Fingerabdruck auf ihm hinterlassen haben. Reinige ihn also, bevor du ihn einsetzt.

Wir lieben unsere Familie und unsere Freunde, aber sie haben einen Nachteil: Sie denken immer, sie könnten jederzeit unsere Sachen anfassen. Wenn du sie nicht bitten möchtest, die Finger von deinem Stein zu lassen, dann reinige ihn hinterher. Es ist ja schön, dass sie sich von diesem Prachtstück angezogen fühlen, aber ihre Energien solltest du danach entfernen.

Oder du spürst einfach, dass dein Kristall »voll« ist und dass es Zeit für ein Reset ist.

Jeder Mensch funktioniert anders, die Sinne sind bei jedem unterschiedlich stark entwickelt. Was ich sehen kann, erfühlst du vielleicht mit den Händen. Daher ist es so wichtig, dass du nicht nur die Steine selbst erforschst, sondern auch deine spezielle Art, mit ihnen zu kommunizieren. Schließlich sprichst du mit einem Freund auch anders als mit einem Lehrer, gehst du mit deinem Trainer anders um als mit deinem Hausarzt. Natürlich müssen auch wir uns anpassen, aber achte darauf, dass du nicht zu viel von dir aufgibst. Die Meditation und die Arbeit mit den Chakras ist eine wunderbare Möglichkeit, mit den Steinen zu kommunizieren.

KRISTALLE UND CHAKRAS

Meditation mit Kristallen

Vielleicht hast du ja schon etwas Meditationserfahrung – das ist ziemlich cool. Oder du denkst, für so etwas wie Meditation hast du weder Zeit, noch interessiert es dich. Nun, dazu kann ich nur eines sagen: Jeder Mensch atmet doch! Und wenn wir uns überlegen, was die Substanz der Meditation ist, dann kommen wir auf Konzentration und achtsame Atmung. Und das ist alles, was du am Anfang brauchst.

Nimm deine Lieblingskristalle in die Hand. Wenn du nicht mehr weißt, welche das waren, dann frag dich: »Was ist meine Intention?« Für den Anfang rate ich dir, mit einem Kristall anzufangen, den du in einer Hand hältst. Wenn du etwas geübter bist, nimmst du in die andere Hand einen zweiten Kristall. Und so weiter …

Atme tief ein und aus. Konzentrier dich auf die Kristalle, die die Mitte deiner Handinnenfläche berühren. (Dort befinden sich Chakrapunkte, dazu mehr im nächsten Abschnitt.) Setz dich bequem hin, auf einen Stuhl oder auf den Boden, im Lotussitz oder mit ausgestreckten Beinen. Wenn du magst, kannst du dich auch hinlegen, dann trägt die Erde deinen Körper. Leg die Hände mit offenen Handflächen auf die Knie oder neben dich.

Nun fängst du an, bewusst zu atmen und zu zählen. Einatmen und ausatmen, dabei zählst du bis vier. Beim nächsten Ein- und Ausatmen zählst du bis fünf. Dann jeweils bis sechs, sieben, acht, neun, bis du bei zehn ankommst. Du wirst dir deiner Handflächen bewusst sein, spürst das Gewicht des Kristalls, fühlst, wie er zu arbeiten beginnt. Dein Kopf wird dazwischenfunken, aber lass dich nicht beirren. Hab das Herz, dem Kristall zu vertrauen.

VERBALE KOMMUNIKATION

Wenn Meditation nicht dein Ding ist, dann bist du vielleicht ein Wortmagier. Halte deine Kristalle in der Hand und sprich mit ihnen. Spür in sie hinein. Wir selbst sind am effizientesten, wenn wir eine Aufgabe haben. Das gilt auch für die Kristalle. Wenn du eine bestimmte Intention hast, sprich sie laut aus.

SCHWING DICH AUF DEINE KRISTALLE EIN

Natürlich kannst du dich auch an einen Heilsteinetherapeuten oder eine Energieheilerin wenden. Aber wenn dies für dich keine Option ist, dann schwing dich auf deine Kristalle ein und arbeite selbst mit deinen Intentionen. Überlege, wofür du den Kristall jeweils einsetzen möchtest. Wobei soll er dir helfen? Wenn ich zum Beispiel meinen wahren Wert erkennen will, würde ich einen Labradorit (siehe Seite 88f.) benutzen. Ich würde mich wie oben beschrieben in Meditation begeben, den Stein in der Hand halten und dann meine Aufmerksamkeit auf folgende Sätze richten: »Bitte hilf mir, den wahren Sinn meiner Seele zu entdecken, meine wahre innere Schönheit, meinen Wert. Lass ihn durch alle Hindernisse hindurchscheinen, die ihn im Moment blockieren wollen.«

Mit den Chakras arbeiten

WAS SIND CHAKRAS?

Kurz gesagt – und es ist wirklich kurz, weil Chakras so komplex und wunderbar sind: Chakras sind Energiepunkte an der Oberfläche unseres Körpers, durch die wir das Innere des Körpers erreichen können. Stell dir diese Punkte vor wie Räder oder Wirbel, die die äußere oder »universelle« Energie in unser Innerstes ziehen, um die materiellen, mentalen und spirituellen Systeme im Körper und um ihn herum in Einklang zu bringen. Aber was hat das mit unseren Kristallen zu tun? Ganz einfach: Kristalle sind wie Vergrößerungsgläser bzw. Magneten, die bestimmte Energien in diese Punkte und damit in unsere Innenwelt ziehen.

Wie unsere Kristalle und wie wir selbst hat auch jedes Chakra seine eigene Schwingungsfrequenz, und jedes Chakra steuert eine bestimmte Körperfunktion.

Es gibt sieben Hauptchakras, die vom Scheitel bis zum unteren Ende der Wirbelsäule in einer Reihe angeordnet sind. Das sind die Punkte, an denen unsere Kristalle die höchste Wirkung erzielen. Aber es gibt noch mehr Chakrapunkte, mit denen wir arbeiten können – zum Beispiel an den Händen oder im Gesicht. Aus diesem Grund können wir Liebe und einen strahlenden Teint erzeugen, wenn wir unser Gesicht mit Rosenquarz einreiben. Oder wir spüren die Kristalle in unseren Handinnenflächen vibrieren. Diese trichterförmigen Wirbel gehen durch uns hindurch. Auf der Zeichnung auf Seite 171 sieht es so aus, als säßen die Chakras nur an der Körperoberfläche, aber das ist falsch. Sie durchdringen uns. Also stell dir das Bild besser in 3-D vor.

HEILEN MIT KRISTALLEN

Bei einer Heilsitzung legen wir die Kristalle auf den Körper auf, dort, wo die Chakras sind. Damit balancieren wir unser Energiefeld aus. Da wir auch Chakrapunkte in den Händen haben, können wir diese ebenfalls nutzen. Meiner Ansicht nach sind sie besonders effektiv, wenn du mit dieser Arbeit noch nicht so viel Erfahrung hast. Das gilt im Übrigen auch für das »dritte Auge«, den Punkt zwischen den Augenbrauen. Im folgenden Abschnitt erfährst du, wie du die Chakras zur Arbeit mit Kristallen einsetzen kannst.

7
6
5
4
3
2
1

7. CHAKRA
NAME: Kronenchakra
KRISTALL: Amethyst
FARBE: Violett
INTENTION: Ich verstehe
FÖRDERT UND GLEICHT AUS:
Intuitive Entwicklung, Denken, Verständnis

6. CHAKRA
NAME: Drittes Auge
KRISTALL: Iolith
FARBE: Indigo
INTENTION: Ich sehe
FÖRDERT UND GLEICHT AUS:
Wahrnehmung, spirituelle Sicht

5. CHAKRA
NAME: Halschakra
KRISTALL: Blauer Chalcedon
FARBE: Hellblau
INTENTION: Ich spreche
FÖRDERT UND GLEICHT AUS:
Kommunikation, Kreativität

4. CHAKRA
NAME: Herzchakra
KRISTALLE: Rosenquarz, Peridot
FARBE: Grün
INTENTION: Ich liebe
FÖRDERT UND GLEICHT AUS:
Liebe, Mitgefühl, Zuneigung, Selbstakzeptanz

3. CHAKRA
NAME: Solarplexuschakra
KRISTALLE: Citrin, Bernstein
FARBE: Gelb
INTENTION: Ich mache
FÖRDERT UND GLEICHT AUS:
Willenskraft, Spannungslösung, emotionale Ruhe

2. CHAKRA
NAME: Sakralchakra
KRISTALL: Karneol
FARBE: Orange
INTENTION: Ich fühle
FÖRDERT UND GLEICHT AUS:
Macht, Energie, Vitalität, Sexualität, Lust

1. CHAKRA
NAME: Wurzelchakra
KRISTALLE: Rubin, Onyx, Obsidian
FARBE: Rot
INTENTION: Ich bin
FÖRDERT UND GLEICHT AUS:
Erdung, allgemeine Gesundheit, Stille, Stabilität

Chakra-Meditation

Das Gute ist, dass du kein Chakraspezialist sein musst, um dich auf eine intensive Arbeit mit deinen Energiezentren und Kristallen einzulassen.

Benutze die Darstellung im vorhergehenden Kapitel, um die sieben Hauptchakras am Körper zu lokalisieren. Dann arbeite mit den für die Chakras angegebenen Steinen. Ist die Vorstellung von Energiezentren neu für dich, dann ist es vermutlich einfacher, wenn du erst einmal nacheinander jeden Stein einzeln mit der Hand auf dem entsprechenden Chakra hältst, statt alle gleichzeitig aufzulegen.

Meditation heißt übrigens nicht, dass du unbedingt die Augen schließen musst. Allerdings unterstützt dies manchmal die Konzentration und lässt uns leichter in eine offene Geisteshaltung kommen.

Während der Meditation oder einer beliebigen Ruhephase legst du einfach den Kristall auf das zugehörige Chakra. Wenn du ein bestimmtes Ziel anstrebst, wählst du den entsprechenden Stein und legst zum Beispiel für mehr Selbstvertrauen ein Tigerauge auf das zweite Chakra. Strebst du nach Liebe, legst du einen Rosenquarz auf das Herzchakra. Um deine kommunikativen Fähigkeiten zu steigern, legst du einen Türkis auf dein Halschakra.

Nachfolgend findest du zwei Formen der Chakra-Meditation. Wenn du während der Meditation nicht lesen möchtest, dann lade dir die Hörfassung einer Chakra-Meditation auf dein Handy. Leg die Kristalle auf deine Energiezentren und horch auf die Anweisungen.

REISE DURCH DIE SIEBEN HAUPTCHAKRAS

Leg dich flach auf den Boden. Dann platziere die entsprechenden Kristalle auf dem Körper oder neben den Körper in Höhe der sieben Hauptchakras. Nimm dafür die Zeichnung auf Seite 171 zu Hilfe.

Konzentrier dich auf deinen Atem. Schließ die Augen, um die Außenwelt auszublenden und deine Aufmerksamkeit auf dein Inneres zu richten.

Nun lenke deine Aufmerksamkeit (dein geistiges Auge) auf das erste Chakra, das Wurzelchakra. Spüre, wie der Kristall dort vibriert. Dies ist deine Verbindung zur Erde. Bitte darum, dass dir dies in für dich passender Form gezeigt wird – als Farbe, als Symbol, als Wort oder Gefühl.

Dann lenke deine Aufmerksamkeit auf das Chakra selbst und den damit verbundenen Kristall – auf die Art und Weise, die dir gezeigt wird. Visualisiere diesen Energiewirbel: In welche Richtung verläuft er? Atme in das Licht hinein, in die Form, in den Raum. Achte darauf, vertrauensvoll nur zu beobachten. Sieh zu, wie dein Atem das Licht weiter werden lässt, das Chakra heller, die Schwingung intensiver. Sieh zu, wie dies vom Kristall verstärkt wird. (Das ist Reinigung: je heller, je lebhafter das Bild bzw. die Farbe, umso besser. Vielleicht quatscht dein Kopf dazwischen und meint, das würde ja nie klappen. Falsch: Tut es doch!)

Dann stell dir vor, wie die Energie des Chakras sich im Uhrzeigersinn dreht. (Der Uhrzeigersinn verstärkt die Balance. Gegen den Uhrzeigersinn ist sozusagen die Negativform davon.) Spür die Wärme oder Kühle des Chakras, spür auch deinen Kristall. Vergiss nicht: Wir sind alle unterschiedlich. Hier geht es darum, was du fühlst. Es gibt kein Richtig oder Falsch. Jeder Atemzug, den du mit der Intention losschickst, die Energie zu erweitern und zu reinigen, ist eine machtvolle Energiequelle. Lass den Kristall vibrieren und pulsieren, wie du das vorher schon ausprobiert hast. Lass ihn die positiven Schwingungen im Chakra verstärken.

Auf diese Weise gehst du Chakra für Chakra durch. Arbeite dich vor bis zum Kronenchakra. Du hast es nicht eilig. Jedes Chakra, jeder Energiepunkt ist individuell. Einige brauchen mehr Liebe als andere, und auch das ist von Tag zu Tag verschieden.

Wenn du im Kronenchakra angekommen bist, dann tritt geistig einen Schritt zurück und nimm deinen ganzen Körper in den Blick. Scanne ihn durch, spür den Kristallen nach. Fühlen sich alle Punkte so an, als seien sie offen und im Einklang miteinander? Spürst du die positive Schwingung? Atme in jedes Chakra hinein. Dann geh mit dem Atem vom Kronenchakra nach unten bis zum Wurzelchakra und wieder zurück. Spür jedem Kristall auf seinem Punkt nach. Er zeigt dir, wo deine Chakras sind. Das ist normalerweise ein absolut wunderbares Gefühl, weil deine Energie im Fluss ist.

Vergiss nicht: Vertraue deinem Bauchgefühl. Du wirst intuitiv wissen, wo du länger verweilen solltest. Spür nach, welcher Punkt sich schneller öffnet, leichter weit wird und wo du auf mehr Widerstand stößt. Nimm wahr, welcher Punkt sich wie anfühlt und wie er dich bewegt. An diesem Punkt beginnst du beim nächsten Mal deine Arbeit.

Es ist wichtig zu beobachten, wie du dich fühlst. Bei jeder Meditation wirst du merken, wie anders du an diesem Tag drauf bist. Tag für Tag, Woche für Woche, Monat für Monat. Auf diese Weise kannst du deine Resultate »messen«.

KONZENTRIERE DICH AUF EINE BESTIMMTE SCHWINGUNG

Ein anderer Weg zur Kommunikation mit deinen Chakras ist, dass du dich auf das konzentrierst, was du erreichen möchtest. Dann suchst du dir den Kristall aus, mit dem du arbeiten willst. Wenn du zum Beispiel deine Stimme stärken möchtest, arbeitest du mit dem Halschakra und am besten mit einem Türkis.

Leg dich wie in der ersten Meditation beschrieben flach auf den Boden. Diesmal hältst du den Stein mit der Hand direkt auf dem Halszentrum.

Dann lenkst du dein inneres Auge auf den Hals – auf den Raum drum herum, nicht auf die Mandeln oder so. Konzentrier dich auf deinen Stein. Spüre ihn arbeiten und stell dir die Farbe des betroffenen Chakras vor. In diesem Fall ist es Himmelblau. Stell dir vor, wie der Energiewirbel sich dreht und immer weiter und weiter wird. Vertraue dem Band, das der Kristall zu diesem Energiezentrum aufbaut.

Der Wirbel wird mit jedem Atemzug größer, die Schwingung wird intensiver.

VERBINDUNG MIT DEINER LEBENSKRAFT

Wenn du mit Chakras und Kristallen arbeitest, dann konzentrierst du dich materiell und spirituell auf die Verbindung zu deiner Lebenskraft. Wir nutzen die Meditation häufig, um unsere Gedanken loszulassen, um Raum zu schaffen, um nur zu sein. Wir geben dem Geist eine Richtung und lassen die positiven Effekte durch den Körper pulsieren. Mit der Kristall-Chakra-Meditation schaffen wir durch unseren Körper und die Naturkraft der Kristalle einen Raum, in dem wir all unsere Schichten und Ebenen auf heilsame Weise betrachten können, wie wir die Kristalle betrachten. Wir spüren, welchen Effekt Gedanken und Gefühle und Energie auf die Kraft haben, die wir selbst sind.

Wir saugen die Energie des Ursprungs an und übernehmen Verantwortung für unseren Körper und seine innersten Bedürfnisse – diese wunderbaren Netzwerke in uns, die wir vor lauter Zeitdruck so häufig übersehen. Die Arbeit mit Kristallen und den Chakras wirkt auf Geist, Körper und Seele gleichermaßen, anders als andere Meditationsformen, die nur mit dem Geist arbeiten.

Es gibt verschiedene Vorstellungen davon, wie man sein Energielevel heben und seine Umgebung so gestalten kann, dass sie dem Arbeiten, Ausruhen oder Spielen zuträglich ist. Kristalle können dazu so einiges beitragen. Diese Erdgeister sind wie Menschen: Sie arbeiten einfach gut zusammen.

KRISTALLE ZU HAUSE, IN DER ARBEIT UND UNTERWEGS

Das heilende Heim

Niemand kennt dein Zuhause besser als du. Und wenn du einen Mitbewohner oder Partner hast, dann bringt jeder von euch seine spezifische Energie in dieses Heim ein, um eine sinnvolle Balance für euch beide zu schaffen. Wenn etwas nicht so aussieht, wie du dir das gedacht hast, oder sich an einem Platz nicht gut anfühlt, dann stellst du es eben woandershin. So lange, bis es passt. Dafür musst du ein bisschen herumexperimentieren. Am Ende stellst du noch einen Blumenstrauß dazu, der deine Stimmung ausdrückt und der jeweiligen Jahreszeit entspricht. Im Wohnzimmer stehen die Dinge, die du auch anderen gerne zeigst. Im Schlafzimmer oder im Schreibtisch dagegen bewahrst du jene Dinge auf, die nur für dich sind.

Dasselbe gilt für Kristalle. Sie bringen dich zum Schwingen. Sie magnetisieren das Gewünschte und ziehen es für dich an. Sie stehen standhaft da und schicken eine bestimmte Energie in den Raum, damit in dir und deinem Leben genau das passiert, was du dir wünschst. Das gilt für dein Zuhause ebenso wie für dein Auto, für dein Büro, deinen Hobbyraum und vor allem für deine Familie.

Mit diesem Bild im Hinterkopf lass dein Heim im Geiste zu dir selbst werden: Die Räume sind deine Chakras, die

Tische deine Energiezentren, die Ecken und deine Lieblingsplätze werden zu machtvollen Helfershelfern bei der Verwirklichung deiner Intentionen und der Intensivierung deiner Schwingungen.

TRÖSTLICHES ZUHAUSE

Willst du Liebe im Leben haben, jede nur erdenkliche Schattierung von Liebe? Dann öffne dein Heim für den Rosenquarz, den Sonnenstein und den Peridot – oder für jene Kristalle, die du selbst zu Cheerleadern deiner Liebe auserkoren hast. Sie besetzen das Schlafzimmer, das Badezimmer oder das Wohnzimmer. Wenn es dein Herz zur Küche zieht, dann ist dies das Herzzentrum deines Zuhauses.

Oder hast du die Intention zu reinigen? Nicht nur dich selbst, sondern dein ganzes Leben? Dann brauchst du Bernstein oder den Stein, der dein spezieller Helfer gegen jede Form der Negativität ist. Leg diese Steine neben die Orte in deiner Wohnung, in denen es fließendes Wasser gibt. Dann werden die negativen Schwingungen mit durch den Ausguss gespült, wenn du deine Hände oder die Teller wäschst.

Ganz ehrlich: Es gibt keinen besseren Hausgenossen als einen Kristall. Und du musst dich keineswegs auf nur einen beschränken. Kreiere ein Gruppenbild aus Kristallen! Bau dir einen Kristallschrein! Nimm so viele oder so wenige Steine, wie du magst. Das Tolle ist, dass du sie überall hinstellen kannst. Du musst sie keineswegs ins Schlafzimmer verbannen. Vielleicht platzierst du sie ja auf dem Fensterbrett, wo sie täglich die Sonnenstrahlen aufsaugen können. Oder du stellst sie in die dunklen Ecken der Räume, wo es an Licht fehlt. Ich habe meine Kristalle buchstäblich überall. Sie sind eine Verlängerung meiner selbst, daher dürfen sie im Haus überallhin. Denn nur so können wir mit ihnen reden, ihnen Fragen stellen, ihnen nachspüren. Mach es einfach so, als würdest du ein Bild aufhängen oder ein Tischchen aufstellen. Frag dich, wo der Stein am besten aussieht. Und wie fühlt er sich an?

Das gilt für Kinder und Erwachsene gleichermaßen. Ich hab schon mal einen Kristall in die Sockenschublade meiner Schwester gelegt, nur um ihr täglich ein Funkeln mit auf den Weg zu geben, als sie selbst noch dachte, Kristalle seien »nicht ihr Ding«. Ich wusste, dass sie ihren eigenen Weg gehen musste. Auch was Freunde, Eltern oder Partner angeht, so liegt die Wahl ganz bei ihnen. Genau wie bei dir. Wenn ein Kristall als Geschenk sich im Moment noch nicht richtig anfühlt, dann formuliere die Intention dafür und stelle das gute Stück an einen Ort, der für diese Intention steht – dort kann er dann seine Schwingungen aussenden.

GUT ARBEITEN

In der Arbeit ist es wichtig, dass wir unsere Energie halten können, uns vor der Belastung durch technische Strahlung schützen, aber auch vor den negativen Schwingungen anderer Menschen. Menschen tragen allerlei Ballast in unseren Tag hinein, den wir nicht unter Kontrolle haben. Die Kristalle auf deinem Schreibtisch (Tigerauge, Bergkristall, Hämatit, Gagat) helfen, diese Belastungen zu reduzieren. Auch hier solltest du eine klare Intention fassen. Bitte darum, dass der Kristall oder die Kristalle dich vor negativen Schwingungen schützen, die nicht deine sind. Vergiss nicht, dass du die Kristalle ebenfalls sauber halten, also regelmäßig reinigen musst. Wenn du noch nicht bereit bist, Kristalle auf deinem Schreibtisch auszubreiten, dann ist das auch in Ordnung. Es ist deine persönliche Entscheidung. Du kannst natürlich auch kreativ werden und zum Beispiel Kristalle als Buchstützen einsetzen. Mein Vater ist das, was ich einen »zweiflerischen Fan« nenne. Ich hab ihm einen Kristall als Briefbeschwerer geschenkt, für ihn hat das wunderbar funktioniert. Und was klappt für dich?

Schau dir noch mal den Abschnitt »Kristalle, um im Job durchzustarten« an. Besorg dir ein besonders schönes Exemplar des Steins, den du dir in diesem Abschnitt ausgesucht hast, und nimm ihn mit ins Büro. Stell ihn auf den Schreibtisch oder leg ihn in die Schublade. Wenn du ein Meeting hast, in dem du Glück brauchst und dir Chancen erhoffst, dann leg einen Rubin neben deinen Terminkalender. Der zieht genau diese Schwingung an. Alles ist erlaubt – solange es für dich funktioniert!

SCHMÜCK DICH

Warum können wir eigentlich nicht alle Könige und Königinnen sein? Wir müssen uns nur entsprechend schmücken – damit werden wir unserem inneren *Funkeln* am besten gerecht. Ich trage gerne Kristalle. Sie schmücken jeden meiner Finger und beide Handgelenke. Ich habe sogar ein Medaillon mit Rosenquarzsplittern, das ich nahe an meinem Herzen trage. Damit kann ich diese liebende Schwingung jederzeit ausstrahlen. Schmucksteine sind besonders stark, weil wir sie direkt auf der Haut tragen. Es ist wunderbar, zu spüren, wie ihre Kraft sich mit unserer Energie verbindet, um unsere Ziele herbeizuzaubern. Wenn du heute nicht mit diesem Stein arbeiten willst, hör auf deine Intuition und trag einen anderen Stein. Werd kreativ: Es gibt Ketten, bei denen sich der Anhänger auswechseln lässt, oder Medaillons für deine Lieblingssteine. So kannst du jeden Tag etwas anderes tragen. Und wenn du nicht gerne Schmuck trägst, dann steck den Kristall in deine Hosentasche oder Geldbörse. Sobald du deine Intention formulierst, stellst du die Verbindung her. Der Kristall muss nicht immer sichtbar sein, um seine Wirkung zu erzielen. Kristalle geben stets ihr Bestes, wo du sie auch platzierst.

Ich schlafe sogar mit meinen Kristallen in der Hand, unter dem Kissen, auf dem Nachttisch. Ich zähle darauf, dass meine Freunde mich tief schlafen lassen. Wenn der Kristall in meinem Bett mich irritiert, dann lege ich ihn auf den Nachttisch. Ich trage meine Lieblinge in der Hosentasche, in der Handtasche und häufig auch im BH – es hat etwas Magisches, wenn man sie auf der Haut trägt. Manchmal ist es unsinnig, sie in der Hand zu halten, wenn du zum Beispiel in der Stadt unterwegs bist. Dann steck sie in die Hosentasche oder lass sie zu Hause. Du musst dich nicht sklavisch an Regeln halten, die Steine sagen uns schon, was sie von uns wollen.

EINE GUTE ATMOSPHÄRE SCHAFFEN

Wenn du deine Stimmung heben möchtest, dann sind Kerzenleuchter aus Kristallen der beste Weg. Sie sehen toll aus und verstärken zudem deine Intention. Meist sind solche Leuchter aus Bergkristall, aber es gibt zum Beispiel auch Selenitlampen: Man schneidet den Stein so, dass man eine Glühbirnenfassung darin unterbringt. Das gibt ein wunderschönes Licht. Wenn dir das zu esoterisch ist und du es gern dekorativer hast, dann schau dich einfach nach anderen Stücken um.

Auch kleine Kinder reagieren positiv auf Kristalle: Stell einen Kristall so auf, dass sie ihn von ihrem Bettchen aus sehen können. Wenn sie dann allmählich zu krabbeln anfangen, dann platziere ihn so, dass sie ihn nicht anfassen können, also in einer Schublade oder auf einem Regalbrett, das außer Reichweite ist.

Und schließlich können wir mit unseren Kristallen ein Bad nehmen – dann verstärkt das Wasser die Schwingung der Steine. Natürlich darf der Kristall sich dabei nicht auflösen. Leg ihn in die Wanne, während du das Wasser einlässt. Und steig dann hinein, um dich von ihm energetisieren zu lassen.

Energieschub für dein Leben

Wir verwandeln unser ganzes Leben, wenn wir unsere Kristalle in die Hand und ins Herz nehmen, ihre Kraft nutzen, um unsere eigene zu stärken, und sie in unseren Alltag einbinden. Diese tägliche Praxis muss zu uns passen.

Kristalle zu verwenden, um der eigenen Energie einen Schub zu verpassen, ist weit mehr als eine Modeerscheinung. Es ist eine Bewegung, die das ganze Leben beeinflusst – gekommen, um zu bleiben. Jedem von uns ist es möglich, sich die Selbstbestimmung über sein Leben zurückzuholen, indem er es energetisch auflädt. Mit Kristallen – ob auf unseren Energiezentren platziert, auf dem Nachttisch oder in der Hosentasche – können wir tiefer in unser Leben eintauchen und voller Abenteuerlust loslegen.

Weiterführende Informationen

Wenn du mehr über Emma Lucy erfahren, eine Sitzung bei ihr buchen oder ihr einfach nur eine Frage stellen möchtest, dann besuch ihre Website: www.youremmylou.com

BÜCHER ÜBER SPIRITUELLE THEMEN

Es gibt viele interessante und wunderbare Bücher. Wenn du dich näher damit beschäftigst, wirst du die für dich passenden finden. Als Anregung nenne ich hier einige meiner Lieblingsbücher, die mich inspiriert und mein Leben bereichert haben.

Byrne, Rhonda: *The Magic,* München: Knaur 2012.
Campbell, Rebecca: *Dein Licht steht dir gut,* München: Ansata 2016.
Hall, Judy: *Heilsteine,* München: Coventgarden, 2005.
Hay, Louise L.: *Gesundheit für Körper und Seele,* Berlin: Allegria 2013.
Hicks, Esther u. Jerry: *Wünschen und bekommen. Wie Sie Ihre Sehnsüchte erfüllen,* Berlin: Allegria 2008.
Jacobs, Jessica: *Chakras for Beginners,* CreateSpace

Independent Publishing
Platform: 2019.
Singer, Michael A.:
Die Seele will frei sein,
Berlin: Allegria 2016.
Weiss, Dr. Brian: *Many
Lives, Many Masters*,
London: Piatkus 1994.
Winfrey, Oprah: *Was ich
vom Leben gelernt habe*,
Frankfurt a. M.:
Fischer 2015.

BEZUGSADRESSEN FÜR KRISTALLE

Es gibt in jeder Stadt Läden, in denen du Kristalle kaufen kannst. Einige davon vertreiben ihre Steine auch über das Internet. Außerdem gibt es viele Online-Händler mit einem großen und sehr guten Angebot an Kristallen. Hier findest du ein paar empfehlenswerte Adressen.

ONLINE-SHOPS

Kristallgarten
https://www.kristall-garten.de/

Kristallo
https://www.kristallos.de/

Rübezahl – Die wunderbare Welt der Edelsteine
https://www.ruebezahl-shop.de/

SteinZeitOase
https://www.steinzeitoase.de/

Edelstein-Shop Eva Wimmer (Österreich)
https://www.edelsteine-wimmer.at/

Mineraliengroßhandel Hausen GmbH (Österreich)
http://www.mineraliengrosshandel.com/

Wiener Edelstein Zentrum
https://www.edelsteine.at

Mineralienversand Schweiz
https://www.mineralienversand.ch/

GESCHÄFTE

Deutschland

Edelsteinhaus Lenz / Der Krystall-Laden (mit Filialen in Berlin, Dresden und Leipzig):
E-Mail: info@edelsteinhaus-lenz.de
Web: http://www.edelsteinhaus-lenz.de/

Der Krystall-Laden
Bölchestraße 64
12587 Berlin
Tel.: 030 76289764

Knaackstraße 35
Am Kollwitzplatz
10405 Berlin
Tel.: 030 4415720

Neumarkt 7 a. d. Frauenkirche
01067 Dresden
Tel.: 0351 49776884

Nikolaistraße 23
04109 Leipzig
Tel.: 0341 99380870

Stein-Insel
Oranienburger Straße 211
13437 Berlin-Wittenau
Tel.: 030 41190098
E-Mail: info@stein-insel.de
Web: https://www.stein-insel.de/

Lichtkristalle
Claus-Ferck-Straße 12
22359 Hamburg
Tel.: 040 23994618
E-Mail: info@lichtkristalle.com
Web: https://www.lichtkristalle.com/

Lazuli
St. Nicolaistraße 8
24340 Eckernförde
Tel.: 04351 5747 oder 04621 3820081

E-Mail: Lazuli-eckernfoerde@t-online.de
Web: http://www.lazuli-eckernfoerde.de/index.html

ONYX-Kristallwelt
Vor dem Steirtor 167
28203 Bremen
Tel.: 0421 6956791
E-Mail: onyx-kristallwelt@gmx.de
Web: http://onyx-kristallwelt.de/

SteinReich
Am Dobben 78
28203 Bremen
Tel.: 0421 4987303
E-Mail: steinreichbremen@gmx.de
Web: https://www.steinreich-bremen.de/?JM5SJ/SteinReich

Schmuck und Stein
Marienstraße 11
30171 Hannover
Tel.: 0511 322011
E-Mail: info@schmuckundstein.de
Web: http://www.schmuckundstein.de/index.html

Welt der Steine
Westernmauer 62
33098 Paderborn
Tel.: 05251 21491
E-Mail: mail@mineralien-owl.de
Web: http://www.mineralien-owl.de/

Mandala-Shop
Siebachstraße 66
50733 Köln
Tel.: 0175 9034217
E-Mail: mandalashop.koeln@gmail.com
Web: https://www.mandalashop.koeln/

Mineralien & Fossilien Galerie
Fahrgasse 88
60311 Frankfurt am Main
Tel: 069 284303
E-Mail: min.foss.gal@web.de

Web: http://www.
mineralien-frankfurt.lcat.de/
index.html

Natürlich leben
Hölderlinstraße 27
60316 Frankfurt am Main
Tel.: 069 49086754
E-Mail: kontakt@natürlich-
leben-edelsteine.de
Web: https://www.
natürlich-leben-edelsteine.
de/index.html

SteinReich
Egenolffstraße 30
60316 Frankfurt am Main
Tel.: 069 436617
E-Mail: info@stein-
reich-frankfurt.de
Web: https://www.
steinreich-frankfurt.de/

Steinkreis – Mineralien und
Gesundheit
Kornbergstraße 32
70176 Stuttgart
Tel.: 0711 2271203
E-Mail: info@steinkreis.de
Web: https://www.
steinkreis.de/ (mit kleinem
Online-Shop)

Schleiferstüble am Münster
Wessenbergstraße 31
78462 Konstanz
Tel.: 07531 22813
E-Mail: info@
schleiferstueble.de
Web: www.
schleiferstueble.de

Crystall-Quelle
Nägeleseestraße 25
79102 Freiburg
Tel: 0761 7076940
E-Mail: info@crystall-quelle.
de
Web: http://crystallquelle.
de/

Der Kristall
Lammstraße 13
79312 Emmendingen
Telefon: 07641 570208
E-Mail: derkristall-
emmendingen@gmx.de

Web: http://www.derkristall-emmendingen.de/index.htm

Kristalldruse
Oberanger 6
80331 München
Tel: 089 2604018
E-Mail: service@kristalldruse.de
Web: www.kristalldruse.de

Kristallgarten Maucher
Gleichmannstraße 9
81241 München
Tel. 089 880485
E-Mail: info@kristallgarten-maucher.de
Web: kristallgarten-maucher.de

Sternenkreis
Preysingstraße 53
81667 München
Tel: 089 24400968
E-Mail: brigitteerber@web.de
Web: http://www.sternenkreis-muenchen.de/index.php

Johann Egger OHG
Am Neubauernfeld 18
85456 Wartenberg
Tel.: 087 62 724720
E-Mail info@mineralien-egger.de
Web: www.mineralien-egger.de

TrommelStein
Altvaterstraße 5
87700 Memmingen
Tel.: 08331 9257277
E-Mail: trommelstein@web.de
Web: http://www.trommel-stein.de/

Sigis Haus der Edelsteine
Färberstraße 31
90402 Nürnberg
Tel.: 0911 222477

DEG – Deutsche Edelsteingesellschaft mbH
Gewerbering 1
90547 Stein
Tel: 0911 6890425/426
E-Mail: info@deutsche-edelstein-gesellschaft.de

Web: https://www.deutsche-edelstein-gesellschaft.de/ (mit Online-Shop)

Natureland
Industriestraße14–15
91171 Greding
Tel.: 08463 64140
E-Mail: info@felke.de
Web: www.felke.de
Standorte in Greding, Regenburg, Rothenburg, Passau, Spessart und Zons

Österreich

Zanaschka Mineralien
Hamburgerstraße 6
1050 Wien
Tel.: +43 15854074
Web: http://www.zanaschkamineralien.at/

Om Namo Narayan
Raimundhof
Mariahilferstraße 45/45a, 2. Hof
1060 Wien
Tel.: +43 15818777
E-Mail: sagarpuri@gmx.net
Web: https://www.om-namo-narayan.com/

Energetik Geschenke Salzburg
Kirchengasse 9
5322 Hof bei Salzburg
http://www.energetik-geschenke-salzburg.at/

Mein Stein
Marktgraben 2
6020 Innsbruck
Tel.: +43 6763718044
E-Mail: office@madagaskar-mineralien.at
Web: https://www.madagaskar-mineralien.at/

Schweiz

Noema Mineralien
Rütiweg 77
3072 Ostermundigen
Tel.: +41 319325955
E-Mail: info@noema.ch
Web: http://www.noema.ch/

Naturheilkunst
Oelegässli/Freienhofgasse
14
3600 Thun
Tel.: +41 332226626
E-Mail: mail@
naturheilkunst.ch
Web: https://www.
naturheilkunst.ch/

Kraft der Steine und
Kristalle
Alte Landstrasse 99
8804 Au ZH
Tel.: +41 796701213
E-Mail: info@kraft-steine-
kristalle.ch
Web: https://www.
kraft-steine-kristalle.ch/

Online-Shops in Großbritannien

wildeones.com
shamanscrystal.co.uk
holisticshop.co.uk
thecolourfuldotboutique.com
etsy.com/uk/shop/
BlissCrystals
etsy.com/uk/shop/
AURAMORE

Hinweis: Was man bei Etsy und Ebay bekommt, ist reine Glückssache. Wenn der Stein falsch ist – und davon gibt es eine ganze Menge –, hat man keinerlei Regressmöglichkeiten.

Weitere interessante Adressen:

Kurse zur spirituellen Entwicklung und auch zum Heilen mit Kristallen bietet an: gatewayworkshops.co.uk/spiritual_courses/listing

Sehr schöne »schamanische« Schmuckstücke macht Maria Kaluza: maka-unikat.de

Verzeichnis der Kristalle

Die Seitenzahlen in *Kursiv* beziehen sich auf die Abbildungen. **Fettgedruckte** Seitenzahlen verweisen auf die detaillierte Beschreibung der Heilwirkung des Steins.

Verzeichnis der Heilwirkungen